中国书籍学术之光文库

青少年外语课堂焦虑和愉悦情绪研究

金银星 著

中国书籍出版社
China Book Press

图书在版编目（CIP）数据

青少年外语课堂焦虑和愉悦情绪研究/金银星著
. —北京：中国书籍出版社，2019.12
（中国书籍学术之光文库）
ISBN 978－7－5068－7664－3

Ⅰ.①青… Ⅱ.①金… Ⅲ.①青少年—外语—学科心理学—研究 Ⅳ.①H09②G447

中国版本图书馆 CIP 数据核字（2019）第 289137 号

青少年外语课堂焦虑和愉悦情绪研究

金银星 著

责任编辑	杨铠瑞
责任印制	孙马飞 马 芝
封面设计	中联华文
出版发行	中国书籍出版社
地　　址	北京市丰台区三路居路 97 号（邮编：100073）
电　　话	（010）52257143（总编室）　（010）52257140（发行部）
电子邮箱	eo@chinabp.com.cn
经　　销	全国新华书店
印　　刷	三河市华东印刷有限公司
开　　本	710 毫米×1000 毫米　1/16
字　　数	187 千字
印　　张	13.5
版　　次	2019 年 12 月第 1 版　2019 年 12 月第 1 次印刷
书　　号	ISBN 978－7－5068－7664－3
定　　价	78.00 元

版权所有　翻印必究

目 录
CONTENTS

第一章　外语课堂焦虑情绪的性别和年龄差异研究 …………… 1
 第一节　研究背景 ……………………………… 1
 第二节　研究问题 ……………………………… 3
 第三节　方法论 ………………………………… 4
 第四节　结果 …………………………………… 8
 第五节　讨论 …………………………………… 58

第二章　外语课堂愉悦情绪的性别和年龄差异研究 …………… 61
 第一节　研究背景 ……………………………… 61
 第二节　研究问题 ……………………………… 63
 第三节　方法论 ………………………………… 63
 第四节　结果 …………………………………… 65
 第五节　讨论 …………………………………… 117

第三章　外语课堂焦虑和愉悦情绪的关系及对外语成绩的影响 ……… 119
 第一节　研究背景 ……………………………… 119
 第二节　研究问题 ……………………………… 122
 第三节　方法论 ………………………………… 123
 第四节　结果 …………………………………… 125

第五节　讨论 ································· 158
第四章　外语课堂焦虑和愉悦影响因素及其发展趋势调查研究 ······ **161**
　　第一节　研究背景 ································ 161
　　第二节　研究问题 ································ 164
　　第三节　方法论 ·································· 164
　　第四节　结果 ···································· 166
　　第五节　讨论 ···································· 196

附　录 ··· **198**
　　附录1　英语课堂焦虑情绪量表 ······················ 198
　　附录2　英语课堂愉悦情绪量表 ······················ 200

参考文献 ··· **202**

第一章

外语课堂焦虑情绪的性别和年龄差异研究

本研究探讨了男性和女性/不同年龄层次的学习者在外语课堂焦虑概念各个层次上的差异。为此，本研究使用中文版《外语课堂焦虑情绪量表》对196名来自中国北方某省份的高一年级学生进行了调查。独立样本t检验和Mann-Whitney U检验结果表明，男性和女性被试/不同年龄层次被试在外语课堂焦虑整体概念、外语课堂焦虑概念的两个维度（维度一：他人面前表现不佳恐惧；维度二：外语课堂恐惧）以及外语课堂焦虑具体指标上没有显著差异。本文最后对这些研究发现进行了讨论。

第一节 研究背景

焦虑是一种常见的心理现象，出现在生活中的方方面面，也包括在外语的学习过程中。Horwitz、Horwitz和Cope（1986）最早将外语学习情境下的焦虑情绪概念化为外语焦虑，并指出外语焦虑是由外语学习的独特性引发的一种由自我感知、信念、情感、行为所构成的复杂情绪。外语焦虑是一个较为宽泛的概念，包含诸多的子成分，涉及不同的语言技能以及语言学习环境，具体包括外语发音焦虑，外语听、说、读、写焦虑，外语课堂焦虑等。在诸多焦虑类型中，外语课堂焦虑最受国内外学者的关注

(Jin, de Bot & Keijzer, 2017)。

国外外语课堂焦虑研究始于20世纪80年代，得益于外语课堂焦虑情绪量表的研制。该量表包含33个题项，其中24个题项采用正向表述方式，9个题项采用反向表述方式。选项采用5级李克特量表形式，从"非常不同意"到"非常同意"。被试得分区间为33~165，得分越高说明其外语课堂焦虑越高。在量表的研制过程中，Horwitz、Horwitz和Cope（1986）参考了学习者的外语学习经历、教师的教学经历以及现有的焦虑量表。Horwitz（1986）研究发现外语课堂焦虑情绪量表与特质焦虑量表的相关性为0.29，与交际恐惧量表的相关性为0.28，与害怕负面评价量表的相关性为0.36，由此证明外语课堂焦虑情绪量表具有良好的心理属性。

利用外语课堂焦虑情绪量表，国外学者对外语课堂焦虑情绪的概念属性、外语课堂焦虑对外语学习的影响、外语课堂焦虑的影响因素等展开了调查。研究基本上确认了外语课堂焦虑概念相对于特质焦虑的独立性，外语课堂焦虑对外语学习的负面影响，以及外语课堂焦虑影响因素的多样性。

国内外语课堂焦虑研究也是始于20世纪80年代，所依托的理论主要是S. D. Krashen的情感过滤假说。实证研究主要围绕着英语课堂焦虑展开。通过使用"英语课堂焦虑"为关键词对CNKI上的文献进行查询可以看出（如图1所示）国内英语课堂焦虑研究经历了一个曲折的发展过程。具体

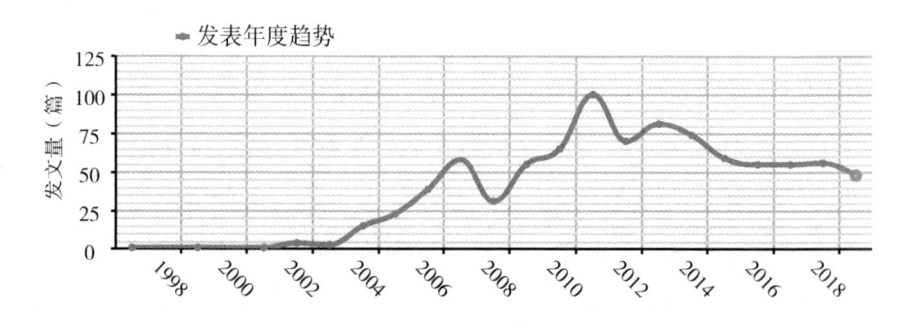

图1 国内英语课堂焦虑研究发展趋势

来说，国内英语课堂焦虑研究自1997至2019年呈现出明显的上升—下降—上升—下降趋势。

国内外语课堂焦虑研究的内容和国外外语课堂焦虑研究的内容总的来说是一致的，也是主要调查了外语课堂焦虑的成因和外语课堂焦虑对外语学习的影响。研究结果如同国外研究一样，也基本上确认了外语课堂焦虑对外语学习的负面影响和外语课堂焦虑影响因素的多样性、复杂性。尽管如此，国内研究在深度方面还有待加强，例如鲜有研究同时调查年龄/性别对外语课堂焦虑整体概念、外语课堂焦虑维度和外语课堂焦虑具体表征的影响（郭燕、徐锦芬，2014；李传益，2015；刘梅华，2011；王建颖、田忠山、杨志宏，2016；韦建华，2014；陈梦洁、张佩霞、吴宇驰，2018）。鉴于此，本研究拟细致深入地调查男性和女性/不同年龄层次的学习者在外语课堂焦虑概念不同层次上的差异。

第二节 研究问题

本研究主要回答如下六个问题：

1）男性和女性在外语课堂焦虑整体概念层面上是否存在显著差异？

2）男性和女性在外语课堂焦虑概念的维度层面上是否存在显著差异？

3）男性和女性在外语课堂焦虑概念具体指标层面上是否存在显著差异？

4）不同年龄的学生在外语课堂焦虑整体概念层面上是否存在显著差异？

5）不同年龄的学生在外语课堂焦虑概念的维度层面上是否存在显著差异？

6）不同年龄的学生在外语课堂焦虑概念具体指标层面上是否存在显著差异？

第三节　方法论

一、被试

被试由196个来自中国北方某省份的高一年级学生组成,其中男生88人,女生108人,分处在同一所学校的5个班级。在这196个被试中,15岁被试6人,16岁被试110人,17岁被试71人,18岁被试8人(1名被试未提供年龄信息),平均年龄约16岁。由于15岁和18岁被试人数较少,因此仅16岁和17岁被试参与检验年龄对外语课堂焦虑的影响。另外,这些被试的英语学习时限长短不等,最短约4年,最长约11年,平均约为7.6年(年龄和学习时限统计截止到数据收集之时)。男性和女性被试详细人口学信息见表1。

表1　男女被试人口学信息统计表

	平均年龄（标准偏差）	最小年龄	最大年龄	平均英语学习时间（标准偏差）	最短英语学习时间（单位：年）	最长英语学习时间（单位：年）
男性	16.46（0.63）	15	18	7.25（0.98）	4.50	10.70
女性	16.38（0.62）	15	18	7.34（0.82）	5.70	10.70

如表1所示,本研究中的男女被试的平均年龄、最小和最大年龄相差无几。两组被试的平均英语学习时间、最短和最长学习时间亦非常相似。男女被试在人口学变量方面的一致增加了两者焦虑水平的可比性。

二、研究工具

外语课堂焦虑情绪量表

本研究所使用的《外语课堂焦虑情绪量表》在 Horwitz、Horwitz 和 Cope（1986）的英文版《外语课堂焦虑情绪量表》的基础上改编而来。英文量表由一名研究者译成中文后交由另外两名中英双语译者审核。对存在的分歧，三名译者进行讨论，直至达成一致。量表完成翻译后，首先在一定数量的学生被试中进行探索性因素分析，经探索性因素分析检验的量表稍后又在另外一组学生被试中进行测试，并对测试结果采用验证性因素分析统计方式进行分析，最终确认保留 11 个题项（见附录1：为便于和英文原量表进行比较，附录1量表题项的编号采用了该题项对应的英文题项在原量表中的编号；量表的探索性和验证性因素分析检验过程另文详述）。这 11 个题项涉及两个外语课堂焦虑维度，即"他人面前表现不佳恐惧"和"外语课堂恐惧"维度。

量表 11 个题项中有 7 题采用正向描述方式，4 题采用反向描述方式，选项采用李克特 5 级量表形式。正/反向陈述题采用如下计分方式：1/5 = 非常不同意；2/4 = 不同意；3/3 = 既不同意也不反对；4/2 = 同意；5/1 = 非常同意。该量表分值区间为 11～55，得分越高说明焦虑水平越高。为满足本研究需要，在题项的陈述中明确了"英语"或"英语课堂"。

为了验证外语课堂焦虑情绪量表的构念效度，我们使用该量表对 27 名高一同学（非本研究样本成员）进行了测试，并收集了他们的焦虑自评分值（基于 0～100 数值区间）。27 个被试中有效被试 26 个。在进行量表得分和自评分值的相关性分析之前，我们先对这两组数据的正态分布进行了检验，结果见图2、3 和表2。

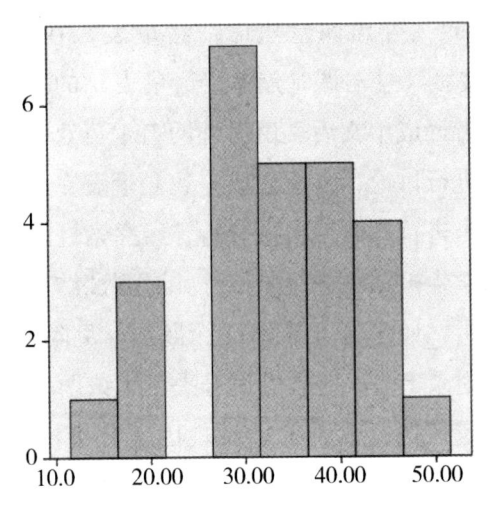

图2 焦虑量表数据正态分布直方图

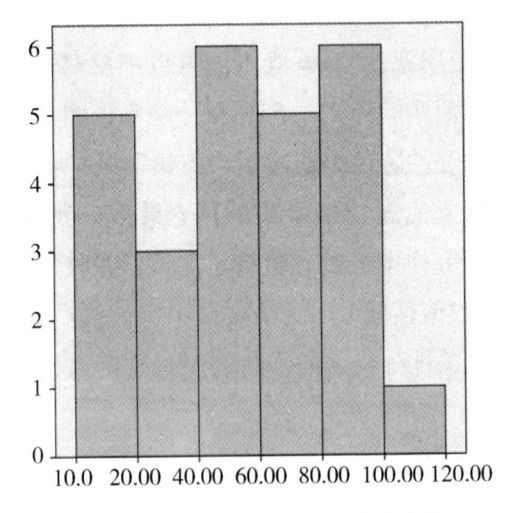

图3 焦虑自评数据正态分布直方图

表 2 焦虑量表数据和焦虑自评分值正态分布统计检验结果

	Kolmogorov-Smirnov 检验			Shapiro-Wilk 检验		
	统计量	自由度	显著性	统计量	自由度	显著性
焦虑自评分	0.15	26	0.159	0.95	26	0.198
焦虑量表得分	0.09	26	0.200	0.98	26	0.821

如图 2 和图 3 所示，焦虑量表数据呈现出较为明显的正态分布趋势。焦虑自评数据基本上也趋向于正态分布，但是正态分布趋势不如焦虑量表数据明显，主要是因为有相当一部分被试的自评分值较低，分布于 0~20 区间内。Kolmogorov-Smirnov 检验结果表明，焦虑自评和量表得分都趋向于正态分布，特别是焦虑量表数据，这与根据直方图所得出的结论一致。

焦虑量表数据和焦虑自评数据的方差齐性也进行了检验。结果表明两组数据的方差存在显著差异。因此，焦虑量表数据和焦虑自评数据的相关性分析采用了斯皮尔曼等级相关分析方式。斯皮尔曼等级相关用于分析数据之间的线性关系，因此有必要通过散点图观察焦虑量表数据和焦虑自评数据之间的线性关系。如图 4 所示，焦虑量表数据和焦虑自评数据之间呈

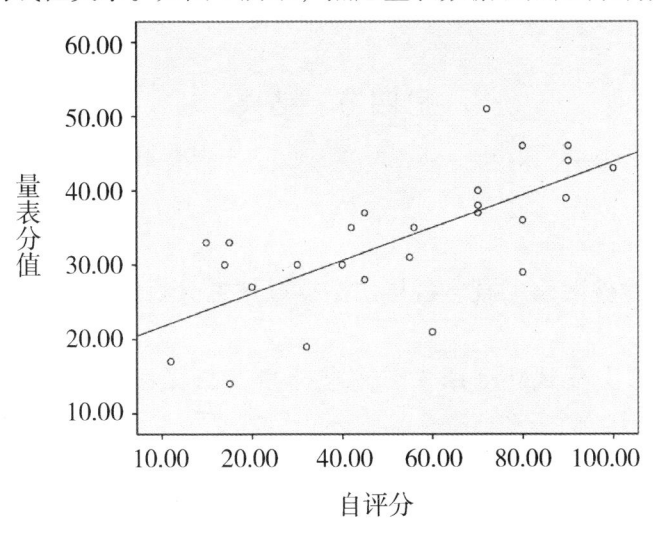

图 4 焦虑量表数据和焦虑自评数据关系散点图

现出较强的线性相关关系。斯皮尔曼等级相关结果表明两组数据的相关性为 $r_s = 0.73$，$p < 0.001$。

三、数据收集过程

数据由研究者本人收集。问卷发放前，研究者大致向被试解释了研究目的，并告知被试他/她们填写的问卷仅用于科学研究，不会对他/她们的英语成绩造成影响，被试需要如实填写问卷。问卷收集后，对数据进行了整理和注册，以备后续分析使用。

四、数据分析

数据分析依据如下步骤展开。首先，对男女被试和不同年龄群组被试的焦虑数据进行了描述性分析。其次，对男女被试和不同年龄群组被试的焦虑数据的正态分布进行检验。再次，对男女被试和不同年龄群组被试在焦虑概念各层次上的数据的方差齐性进行检验。最后，采用独立样本 t 检验或者 Mann-Whitney U 检验调查性别和年龄对外语课堂焦虑水平的影响。

第四节 结果

一、男女被试焦虑概念各层次数据描述性分析结果

(一) 男女被试英语课堂焦虑整体概念数据描述性分析结果

如表 3 所示，女性被试在英语课堂焦虑整体概念层面的得分区间比男性被试更大。标准偏差值表明女性被试内部英语课堂焦虑水平的波动比男性大。尽管如此，男女被试组之间的平均焦虑水平并没有明显差异。

表3　男女被试英语课堂焦虑整体概念数据描述性分析结果

	最小值	最大值	平均值	标准偏差
女性	15.00	50.00	34.61	7.49
男性	19.00	48.00	34.48	5.87

(二) 男女被试英语课堂焦虑概念各维度数据描述性分析结果

如表4所示，女性被试在英语课堂焦虑概念两个维度上（维度一：他人面前表现不佳恐惧；维度二：英语课堂恐惧）的得分区间比男性被试都要大。表明女性被试组比男性被试组呈现出更大的焦虑波动。在英语课堂焦虑维度一上，女性被试比男性被试的均值要高；在英语课堂焦虑维度二上，男性被试比女性被试的均值要高。

表4　男女被试英语课堂焦虑概念各维度数据描述性分析结果

		最小值	最大值	平均值	标准偏差
女	维度一	8.00	30.00	19.64	4.66
	维度二	6.00	25.00	14.97	3.92
男	维度一	10.00	28.00	19.25	4.17
	维度二	5.00	23.00	15.23	3.39

(三) 男女被试英语课堂焦虑概念具体指标数据描述性分析结果

如表5所示，在体现"他人面前表现不佳恐惧"维度的6个题项（题项4、9、15、29、31、33）中，女性被试在正向题4上的平均值得分略低于3（3＝既不同意也不反对），在其他题项上的平均值得分均高于3，反映了本研究中的女性被试有些惧怕在他人（包括老师和同学）面前表现不好，也说明这些被试对自己在英语课堂上的表现不是很有信心。

在体现"英语课堂恐惧"维度的5个题项中（题项5、8、17、18、

28），女性被试在题项17上的平均值得分小于3（3＝既不同意也不反对），反映了女性被试整体上不是特别排斥英语课。尽管如此，女性被试在题项8、18和28上的平均值得分均超过了3，反映了被试还是具有较高的焦虑表征。具体来说，女性被试害怕在英语课堂上的测验等评估性活动，害怕在英语课堂上的发言，在上英语课时会感到不自信、不轻松。

表5　女性被试英语课堂焦虑概念具体指标数据描述性分析结果

	最小值	最大值	平均值	标准偏差
题项4	1	5	2.91	1.12
题项9	1	5	3.58	1.03
题项15	1	5	3.32	0.97
题项29	1	5	3.27	1.08
题项31	1	5	3.06	1.22
题项33	1	5	3.50	0.95
题项5	1	5	2.70	1.07
题项8	1	5	3.31	1.03
题项17	1	5	2.49	1.19
题项18	1	5	3.28	1.01
题项28	1	5	3.19	0.98

如表6所示，在体现"他人面前表现不佳恐惧"维度的6个题项（题项4、9、15、29、31、33）中，男性和女性被试的情况类似，都是在题项4的平均值得分略低于3，在其他题项上的平均值得分均高于3，说明男性被试对自己在英语课堂上的表现不是很有信心。

在体现"英语课堂恐惧"维度的5个题项（题项5、8、17、18、28）中，男性被试在题项5和17上的平均值得分接近3，在题项8、18和28上的平均值得分超过了3，反映了被试具有较高的焦虑表征。具体来说，男性被试同女性被试一样害怕英语课上的评估性活动，害怕用英语发言，对英语课感到有压力。

表6　男性被试英语课堂焦虑概念具体指标数据描述性分析结果

	最小值	最大值	平均值	标准偏差
题项 4	1	5	2.86	1.06
题项 9	1	5	3.52	1.04
题项 15	1	5	3.19	0.86
题项 29	1	5	3.26	1.02
题项 31	1	5	3.11	1.17
题项 33	1	5	3.30	1.05
题项 5	1	5	2.73	0.97
题项 8	1	5	3.24	1.08
题项 17	1	5	2.61	1.07
题项 18	1	5	3.33	0.91
题项 28	1	5	3.32	0.95

二、不同年龄组被试焦虑各层次数据描述性分析结果

（一）不同年龄组被试英语课堂焦虑整体概念数据描述性分析结果

本研究中的被试处于15岁、16岁、17岁和18岁四个年龄阶段。由于15岁和18岁的被试数量较少，因此本研究仅仅对比了16岁和17岁群组被试在不同焦虑层面上的差异，以此来了解年龄对外语课堂焦虑程度的影响。16岁和17岁年龄群组被试英语课堂焦虑整体概念数据描述性分析结果见表7。

如表7所示，16岁群组被试在英语课堂焦虑整体概念层面的得分区间比17岁群组被试更大。两个被试组的标准偏差值表明17岁群组被试内部英语课堂焦虑水平的波动比16岁群组大。尽管如此，16岁和17岁群组的

平均焦虑水平并无明显差异。

表7 16岁和17岁群组被试英语课堂焦虑整体概念数据描述性分析结果

	最小值	最大值	平均值	标准偏差
16岁群组	15.00	48.00	34.53	6.67
17岁群组	18.00	50.00	34.10	7.02

（二）不同年龄群组被试英语课堂焦虑概念各维度数据描述性分析结果

如表8所示，16岁群组被试在英语课堂焦虑概念维度一（他人面前表现不佳恐惧）上的得分区间比17岁群组被试的得分区间要大，但是17岁群组在英语课堂焦虑概念维度二（英语课堂恐惧）上的得分区间要大于16岁群组在该维度上的得分区间。16岁群组比17岁群组在维度一上表现出更大的焦虑波动，但是在维度二上17岁群组的焦虑波动更大。另外，16岁群组被试在维度一上的平均值略高于17岁群组被试，而在维度二上17岁群组的均值要更高一些。尽管如此，在这两个维度上，两组的均值差距不是很大。

表8 16岁和17岁群组被试英语课堂焦虑概念各维度数据描述性分析结果

		最小值	最大值	平均值	标准偏差
16岁群组	维度一	8.00	30.00	19.56	4.48
	维度二	5.00	23.00	14.97	3.62
17岁群组	维度一	10.00	28.00	19.11	4.42
	维度二	6.00	25.00	14.99	3.80

（三）不同年龄群组被试英语课堂焦虑概念具体指标数据描述性分析结果

如表9所示，16岁群组被试在题项4、5和17上的平均值得分低于3（既不同意也不反对），但在题项8、9、15、18、28、29、31和33上的平均值得分高于3。这反映了16岁群组被试担心英语课堂上的测验，对做毫无准备的发言感到恐慌，怕听不明白老师的要求，对自己在课堂上说英语没有自信，担心说英语被别人嘲笑，害怕老师突然提问并且对英语课感到不安。因此，16岁群组被试总的来说在英语课堂上比较焦虑。

表9　16岁群组被试英语课堂焦虑概念具体指标数据描述性分析结果

	最小值	最大值	平均值	标准偏差
题项4	1	5	2.98	1.06
题项5	1	5	2.70	1.05
题项8	1	5	3.25	1.01
题项9	1	5	3.55	1.05
题项15	1	5	3.34	0.95
题项17	1	5	2.55	1.16
题项18	1	5	3.26	0.97
题项28	1	5	3.20	0.96
题项29	1	5	3.30	1.05
题项31	1	5	3.05	1.23
题项33	1	5	3.35	1.01

如表10所示，17岁群组被试在题项4、5和17上的平均值得分低于3（既不同意也不反对），但在更多的题项上的平均值得分高于3。总的来说，17岁群组被试在英语课堂焦虑概念具体指标层面上呈现出和16岁群组被试同样的规律，即17岁群组被试总的来说担心英语课堂测验，对做毫无准备的发言感到不安，怕听不懂老师的要求，对自己的英语口语表达能力没有自信，害怕老师突然提问并对英语课感到恐慌。

表 10　17 岁群组被试英语课堂焦虑概念具体指标数据描述性分析结果

	最小值	最大值	平均值	标准偏差
题项 4	1	5	2.73	1.12
题项 5	1	5	2.69	0.93
题项 8	1	5	3.27	1.08
题项 9	1	5	3.52	1.04
题项 15	1	5	3.17	0.84
题项 17	1	5	2.49	1.11
题项 18	1	5	3.31	0.96
题项 28	1	5	3.23	0.99
题项 29	1	5	3.17	1.07
题项 31	1	5	3.03	1.11
题项 33	1	5	3.49	1.00

三、男女被试焦虑概念各层次数据正态分布检验结果

（一）男女被试英语课堂焦虑整体概念数据正态检验结果

男女被试英语课堂焦虑整体概念数据是否符合正态分布需要从两个方面来判断。一是 Kolmogorov-Smirnov 正态分布检验结果（表 11），二是绘制男女被试英语课堂焦虑整体概念数据直方图（图 5 和图 6）。

表 11　男女被试英语课堂焦虑整体概念数据正态分布统计检验结果

	Kolmogorov-Smirnov 检验			Shapiro-Wilk 检验		
	统计量	自由度	显著性	统计量	自由度	显著性
女性	0.09	108	0.050	0.99	108	0.307
男性	0.09	88	0.061	0.98	88	0.176

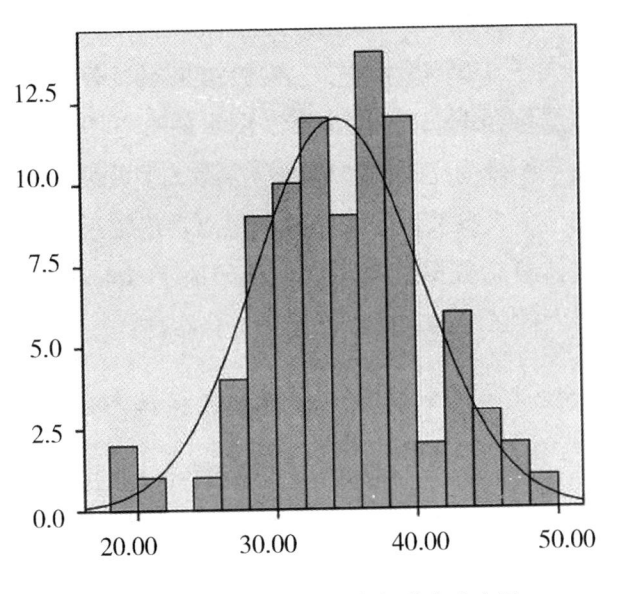

图 5　女性焦虑整体概念数据分布直方图

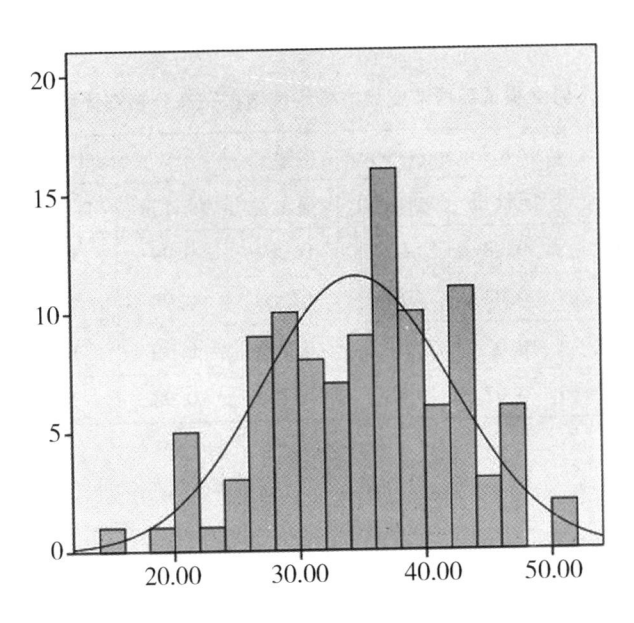

图 6　男性焦虑整体概念数据分布直方图

由表11得知男女被试英语课堂焦虑整体概念数据Kolmogorov-Smirnov检验的概率值均大于0.05概率水平，检验结果不显著，说明男女被试的英语课堂焦虑数据符合正态分布。图5、图6的直方图显示男女被试焦虑概念数据呈现出一个较为完美的"倒钟"分布，多数被试的焦虑水平趋向于所在组的平均值，少数被试的数据位于距离均值较远的两端。男女被试英语课堂焦虑整体概念数据直方图进一步印证了Kolmogorov-Smirnov检验结果，均表明男女被试组的焦虑水平呈正态分布。

（二）男女被试英语课堂焦虑各维度数据正态分布检验结果

如表12所示，男女被试组在英语课堂焦虑各维度的数据的Kolmogorov–Smirnov检验结果不显著。男女被试组在英语课堂集虑各维度数据直方图（图7—图10）显示多数被试的焦虑水平趋向于所在组的平均值。男女被试组在英语课堂集虑各维度直方图和Kolmogorov-Smirnov检验结果均表明男女被试组在英语课堂焦虑各维度的数据呈正态分布。

表12 男女被试英语课堂焦虑各维度数据正态分布统计检验结果

		Kolmogorov-Smirnov 检验			Shapiro-Wilk 检验		
		统计量	自由度	显著性	统计量	自由度	显著性
维度一	女性	0.08	108	0.067	0.99	108	0.258
	男性	0.08	88	0.200	0.98	88	0.295
维度二	女性	0.06	108	0.200	0.99	108	0.564
	男性	0.07	88	0.200	0.98	88	0.334

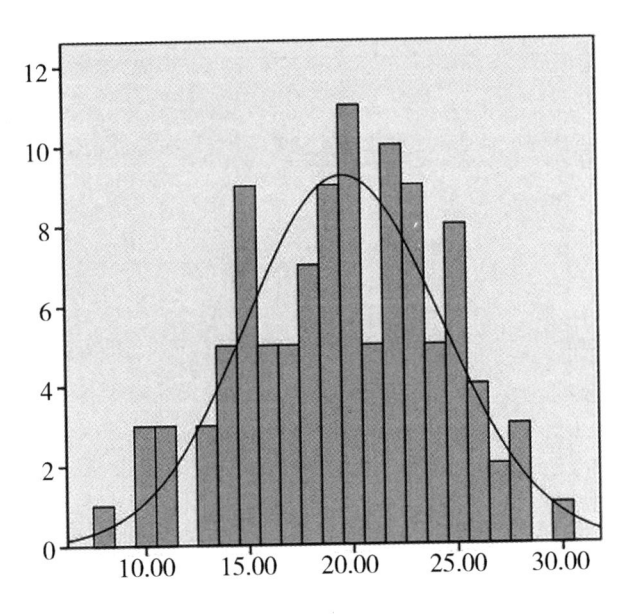

图7 女性被试在焦虑维度一直方图

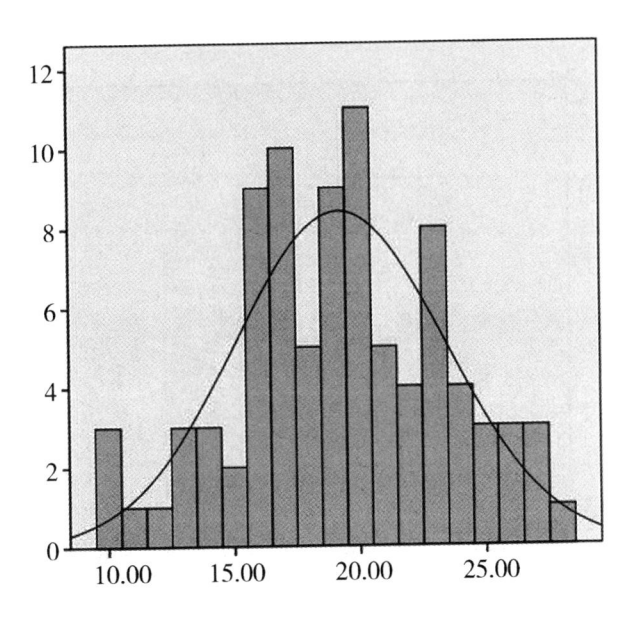

图8 男性被试在焦虑维度一直方图

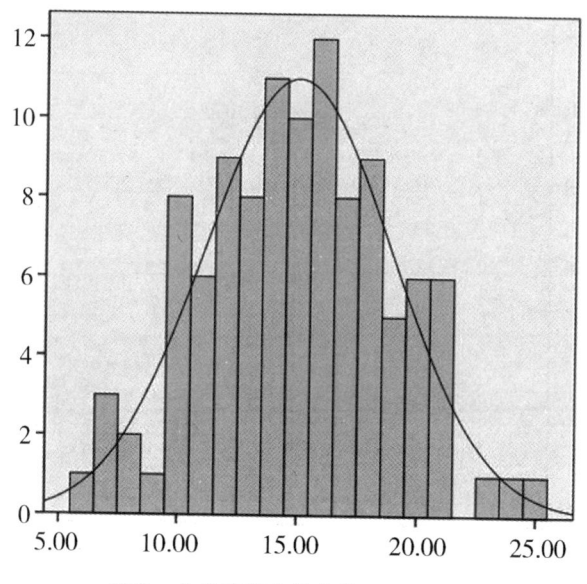

图9 女性被试在焦虑维度二直方图

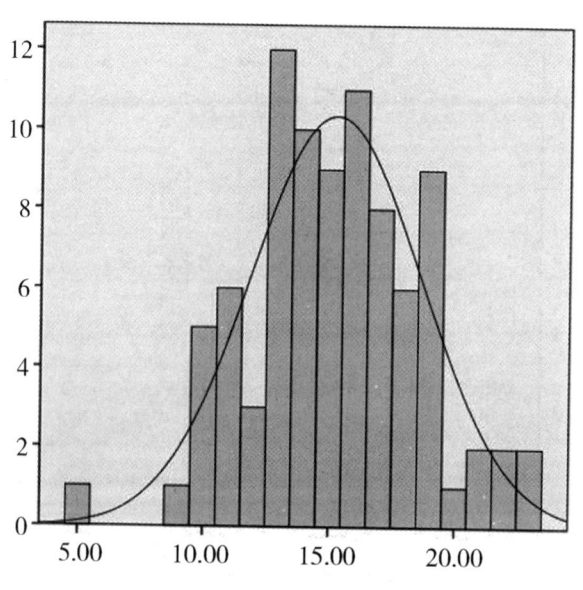

图10 男性被试在焦虑维度二直方图

（三）男女被试英语课堂焦虑具体指标数据正态分布检验结果

如表 13 所示，男女被试英语课堂焦虑具体指标（即焦虑量表各题项）数据 Kolmogorov-Smirnov 检验概率值均小于 0.001 概率水平，检验结果显著。但从男女被试英语课堂焦虑具体指标数据正态分布直方图（图 11—图 32）上来看，仅女性被试在题项 17 上的数据比较明显地偏离正态分布。综合考虑之下认为男女被试的焦虑具体指标数据比较趋向于正态分布。

表 13 男女被试英语课堂焦虑具体指标数据正态分布统计检验结果

		Kolmogorov-Smirnov 检验			Shapiro-Wilk 检验		
		统计量	自由度	显著性	统计量	自由度	显著性
题项 4	女	0.22	108	0.000	0.89	108	0.000
	男	0.19	88	0.000	0.91	88	0.000
题项 5	女	0.26	108	0.000	0.88	108	0.000
	男	0.26	88	0.000	0.86	88	0.000
题项 8	女	0.22	108	0.000	0.90	108	0.000
	男	0.20	88	0.000	0.91	88	0.000
题项 9	女	0.30	108	0.000	0.86	108	0.000
	男	0.28	88	0.000	0.88	88	0.000
题项 15	女	0.27	108	0.000	0.86	108	0.000
	男	0.21	88	0.000	0.88	88	0.000
题项 17	女	0.25	108	0.000	0.88	108	0.000
	男	0.24	88	0.000	0.89	88	0.000
题项 18	女	0.22	108	0.000	0.90	108	0.000
	男	0.23	88	0.000	0.88	88	0.000
题项 28	女	0.19	108	0.000	0.90	108	0.000
	男	0.24	88	0.000	0.89	88	0.000

续表

		Kolmogorov-Smirnov 检验			Shapiro-Wilk 检验		
		统计量	自由度	显著性	统计量	自由度	显著性
题项 29	女	0.21	108	0.000	0.91	108	0.000
	男	0.21	88	0.000	0.91	88	0.000
题项 31	女	0.23	108	0.000	0.89	108	0.000
	男	0.17	88	0.000	0.92	88	0.000
题项 33	女	0.28	108	0.000	0.87	108	0.000
	男	0.24	88	0.000	0.90	88	0.000

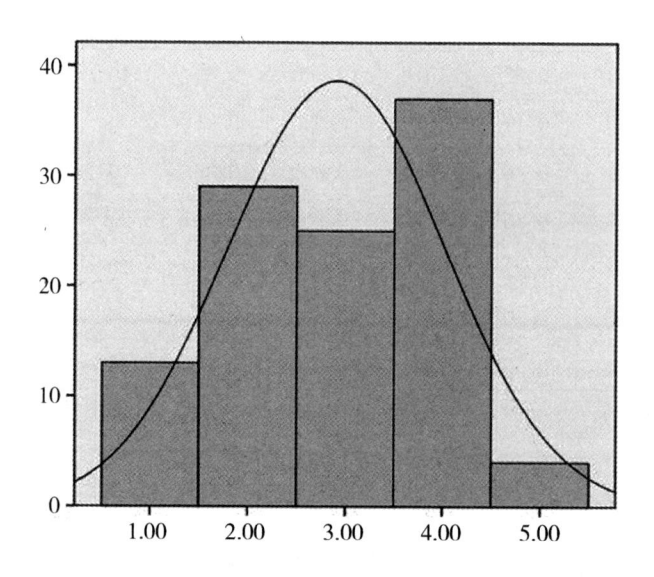

图 11 女性被试在题项 4 上的数据正态分布直方图

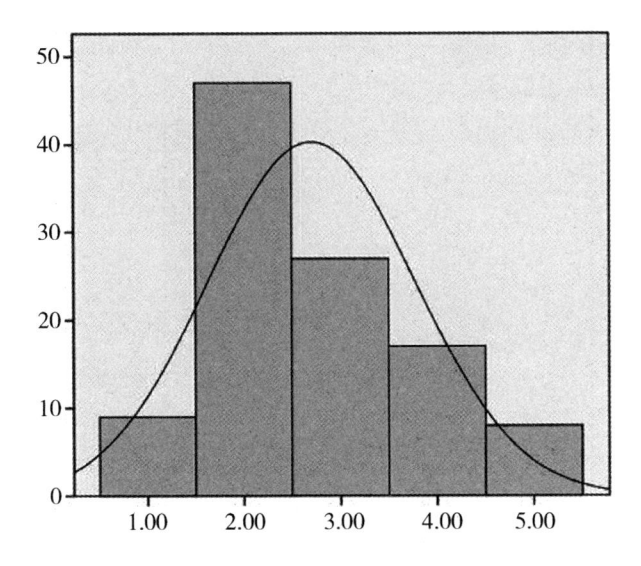

图 12　女性被试在题项 5 上的数据正态分布直方图

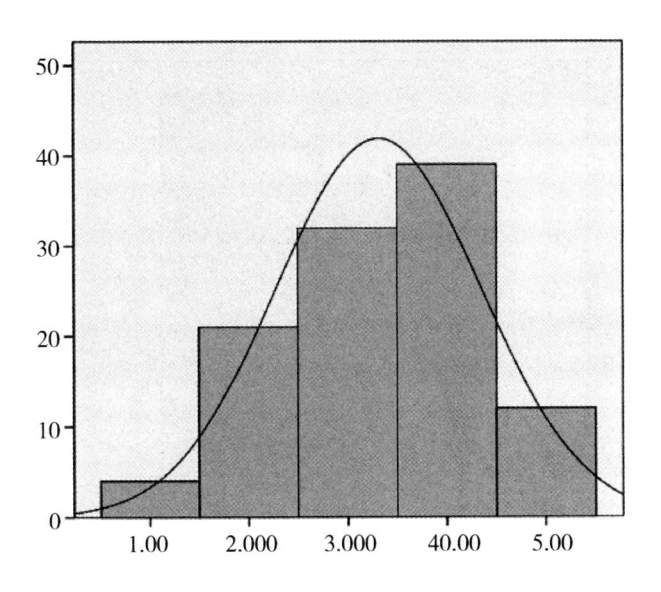

图 13　女性被试在题项 8 上的数据正态分布直方图

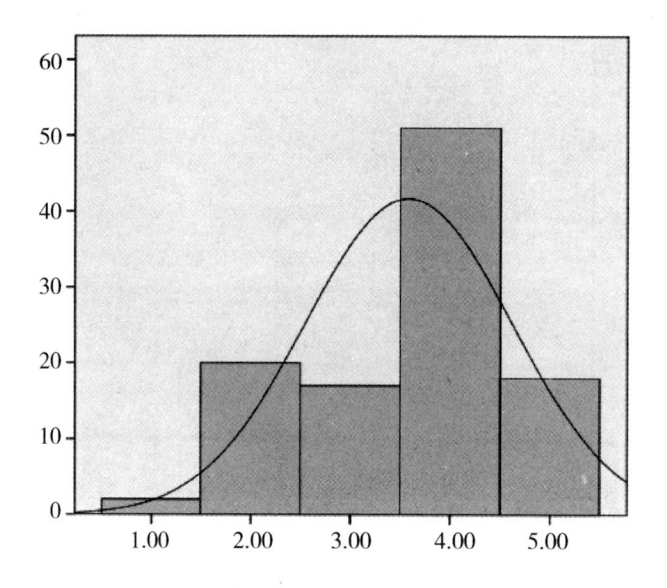

图 14 女性被试在题项 9 上的数据正态分布直方图

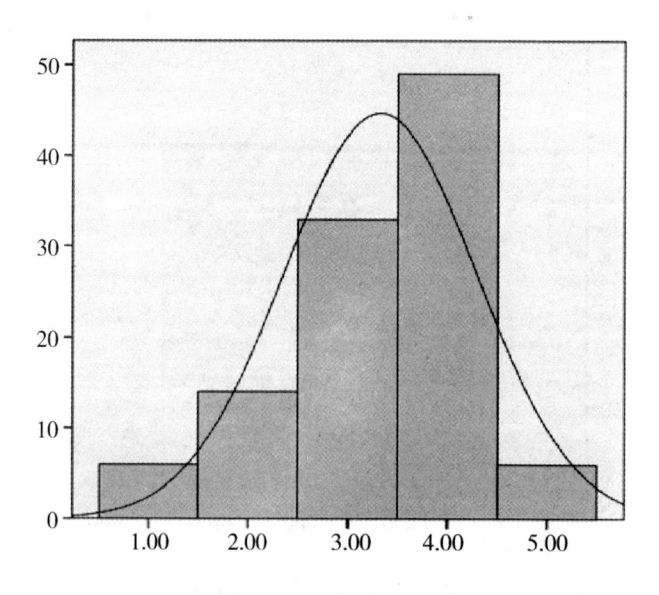

图 15 女性被试在题项 15 上的数据正态分布直方图

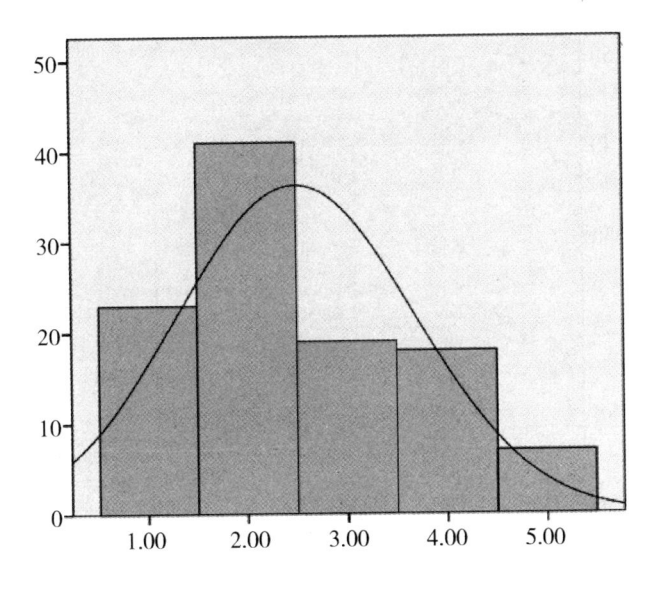

图 16　女性被试在题项 17 上的数据正态分布直方图

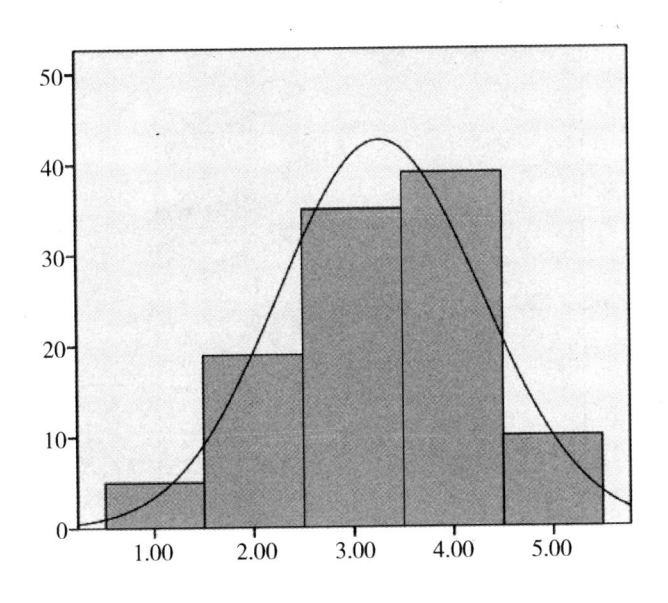

图 17　女性被试在题项 18 上的数据正态分布直方图

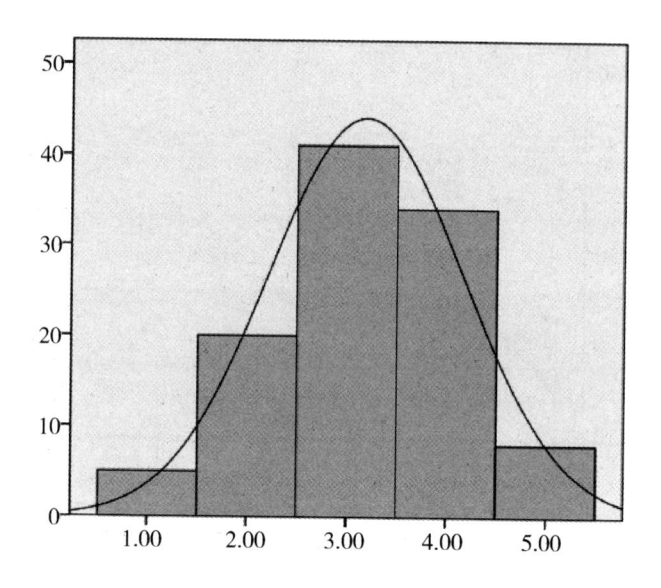

图18 女性被试在题项28上的数据正态分布直方图

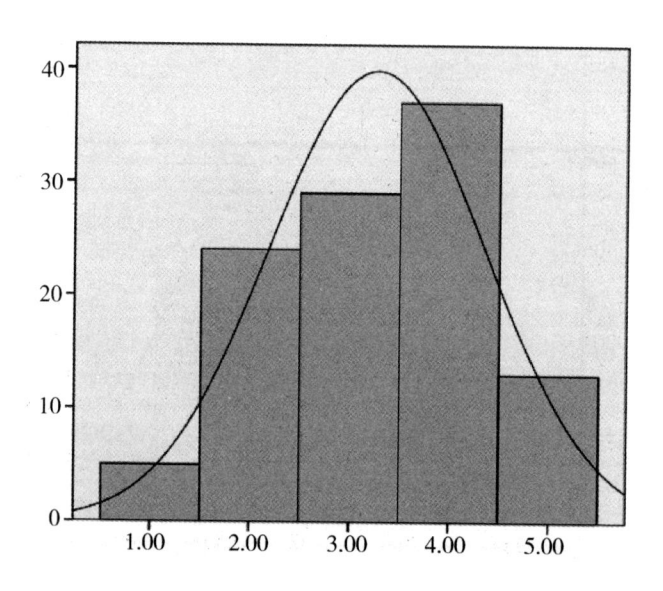

图19 女性被试在题项29上的数据正态分布直方图

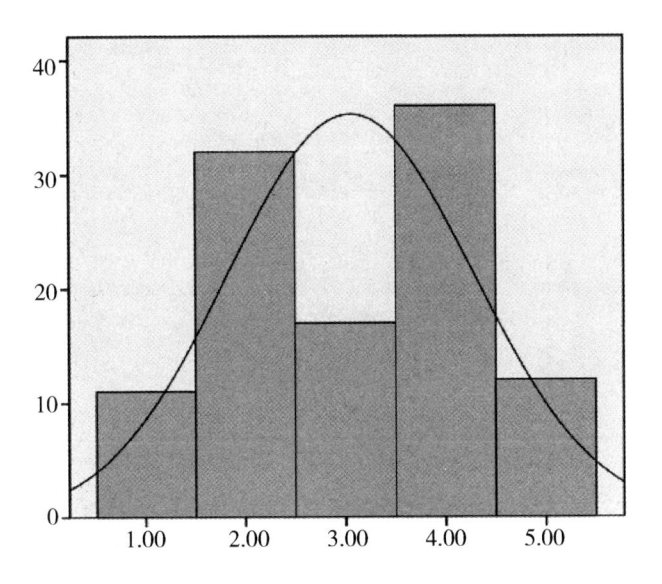

图 20　女性被试在题项 31 上的数据正态分布直方图

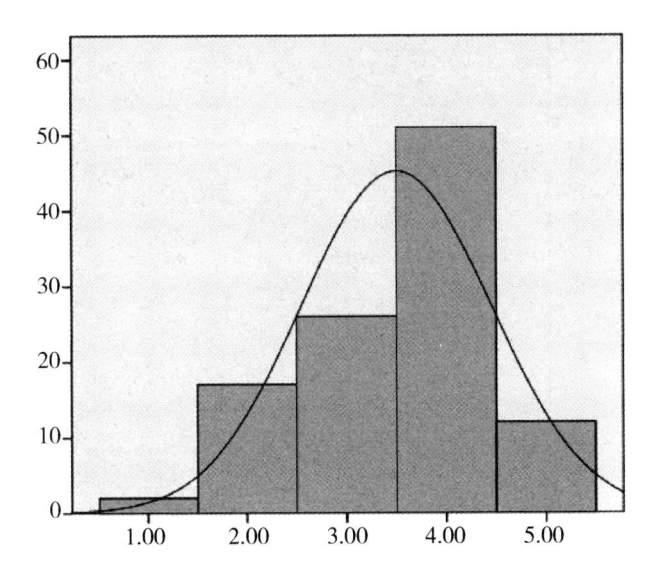

图 21　女性被试在题项 33 上的数据正态分布直方图

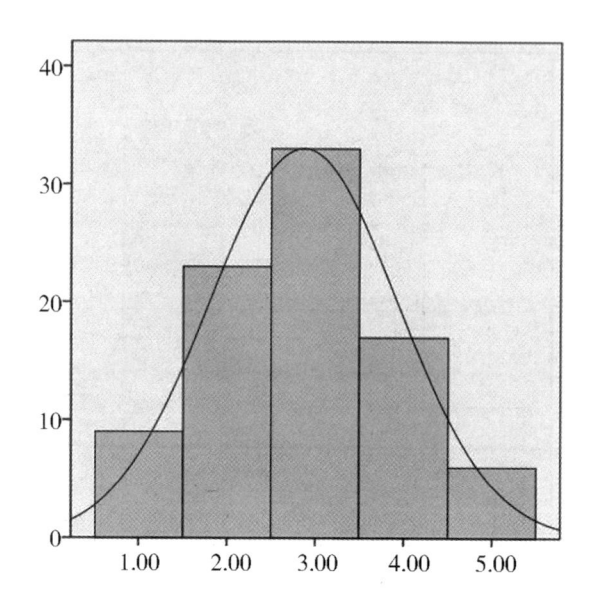

图 22 男性被试在题项 4 上的数据正态分布直方图

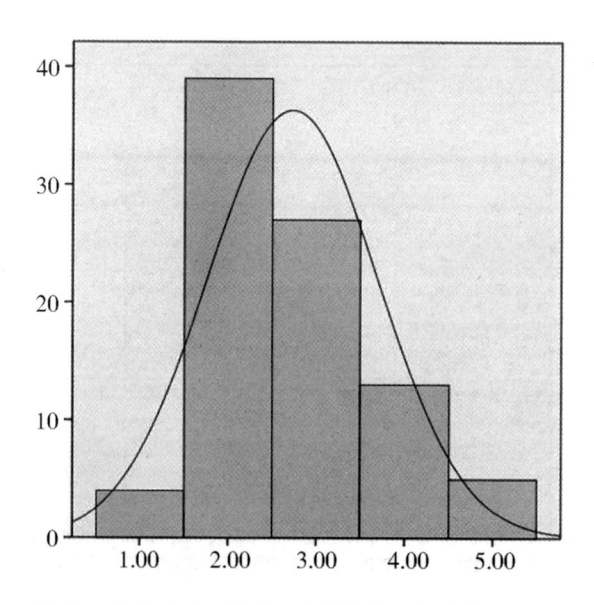

图 23 男性被试在题项 5 上的数据正态分布直方图

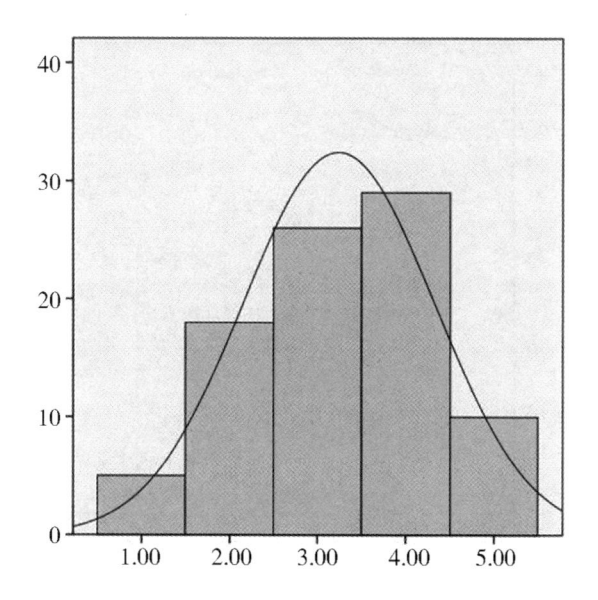

图 24 男性被试在题项 **8** 上的数据正态分布直方图

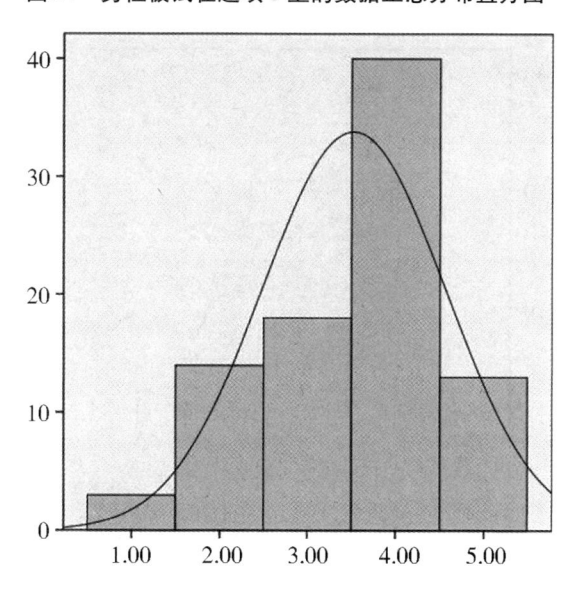

图 25 男性被试在题项 **9** 上的数据正态分布直方图

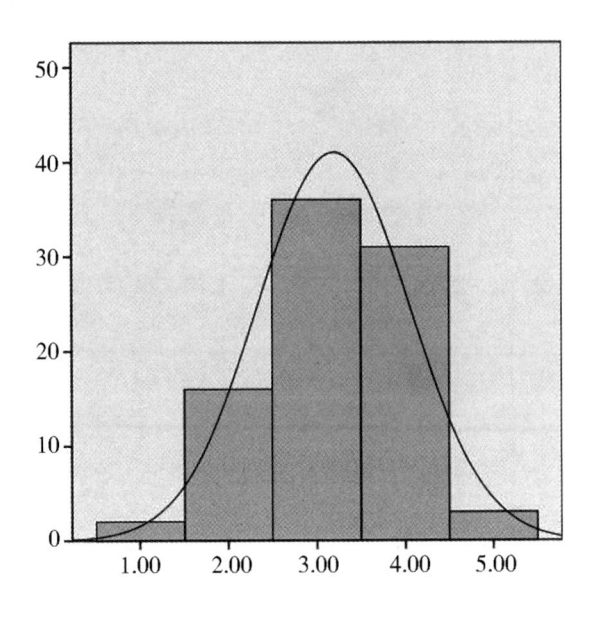

图 26　男性被试在题项 15 上的数据正态分布直方图

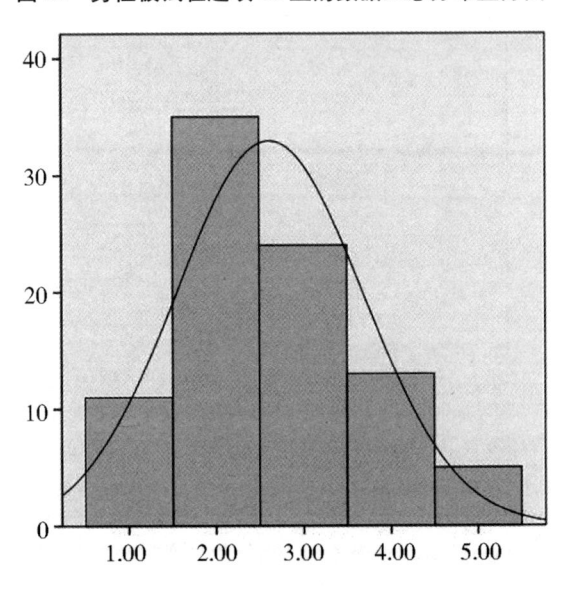

图 27　男性被试在题项 17 上的数据正态分布直方图

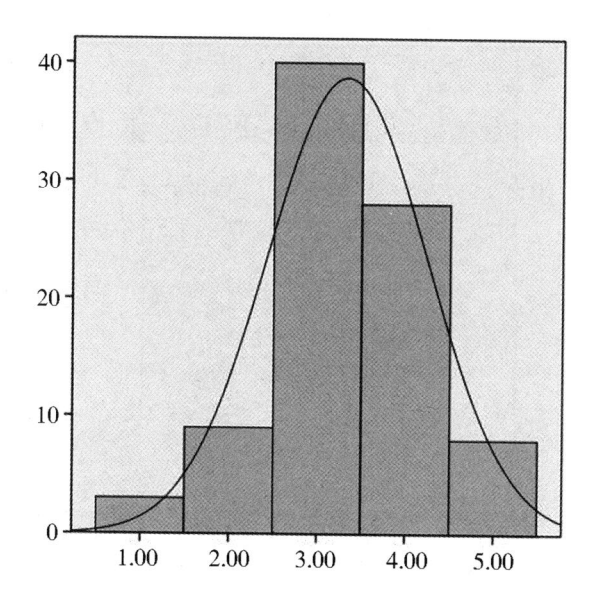

图 28　男性被试在题项 18 上的数据正态分布直方图

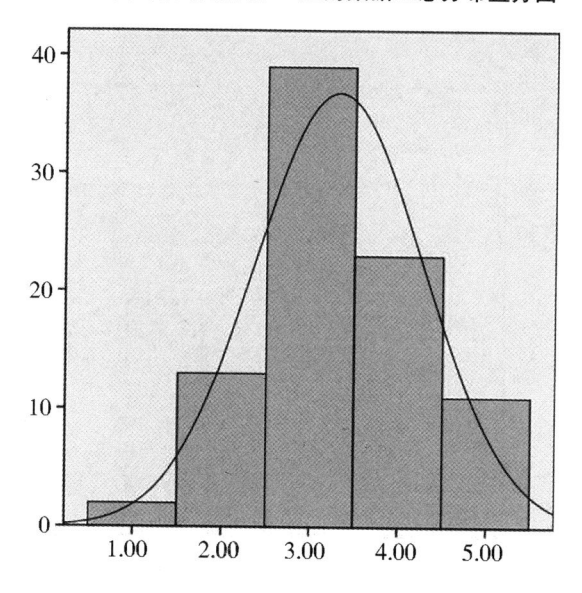

图 29　男性被试在题项 28 上的数据正态分布直方图

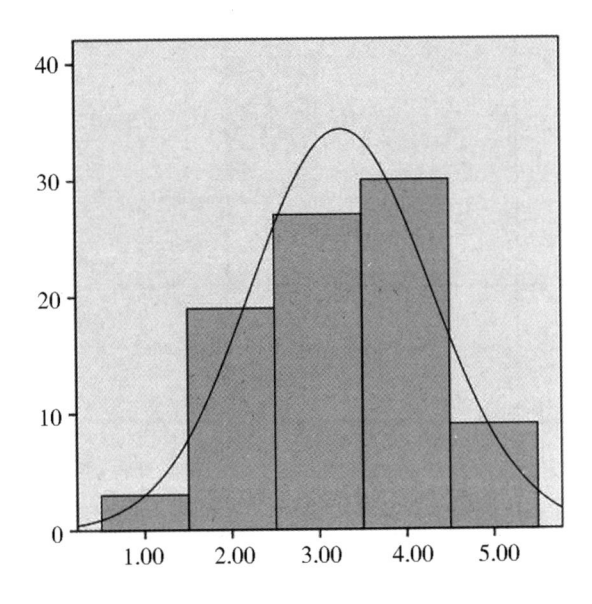

图 30 男性被试在题项 29 上的数据正态分布直方图

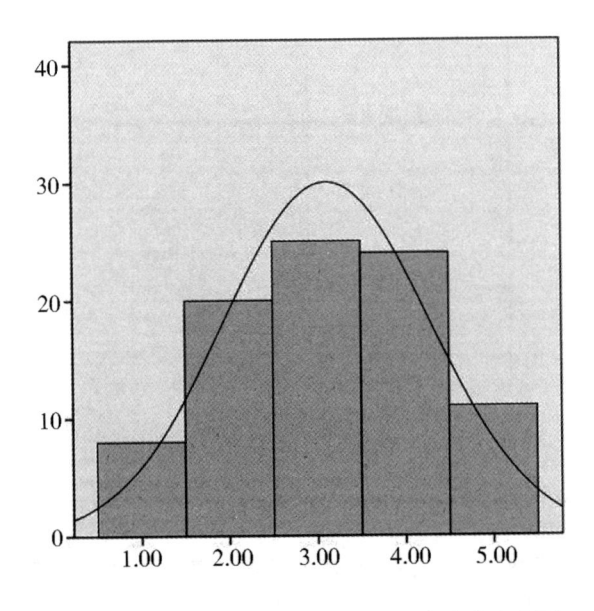

图 31 男性被试在题项 31 上的数据正态分布直方图

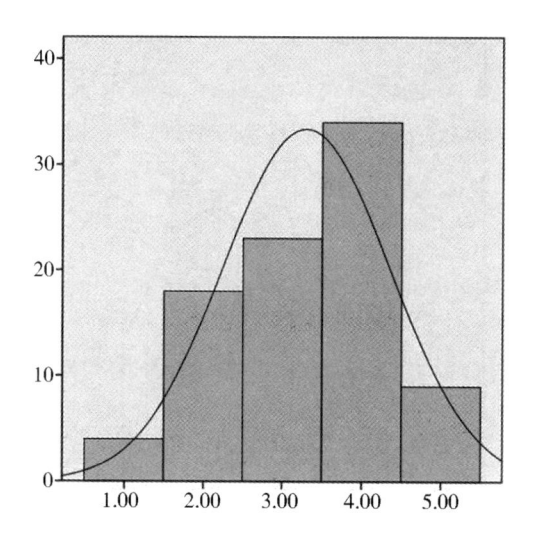

图 32　男性被试在题项 33 上的数据正态分布直方图

四、不同年龄群组被试焦虑概念各层次数据正态分布检验结果

（一）不同年龄群组被试英语课堂焦虑整体概念数据正态检验结果

如表 14 所示，16 岁群组被试英语课堂焦虑整体概念数据正态分布统计 Kolmogorov-Smirnov 检验结果不显著，但是 17 岁群组被试的 Kolmogorov-Smirnov 检验显著性小于显著性临界值 0.05，检验结果显著。17 岁群组被试的 Kolmogorov-Smirnov 检验之所以显著主要是由于该群组的有些数据集中于某一个数据点（如图 34 直方图峰度所示）。尽管如此，从直方图上来判断，17 岁群组被试的数据总的来说还是比较趋向于正态分布。

表 14　16 岁和 17 岁群组被试英语课堂焦虑整体概念数据正态分布统计检验结果

	Kolmogorov-Smirnov 检验			Shapiro-Wilk 检验		
	统计量	自由度	显著性	统计量	自由度	显著性
16 岁群组	0.06	110	0.200	0.99	110	0.283
17 岁群组	0.13	71	0.008	0.98	71	0.209

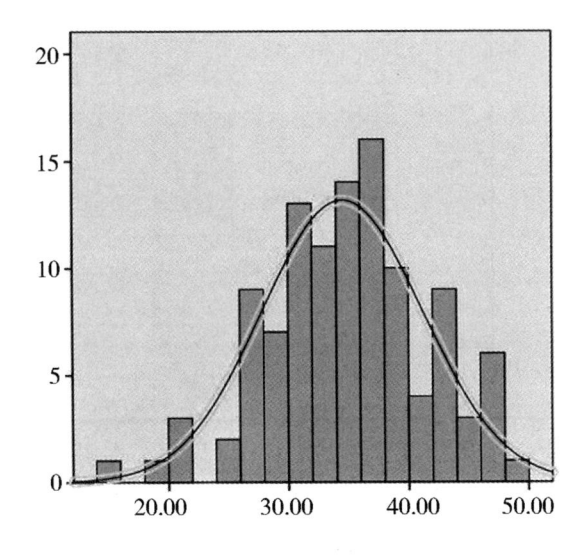

图 33 16 岁群组直方图

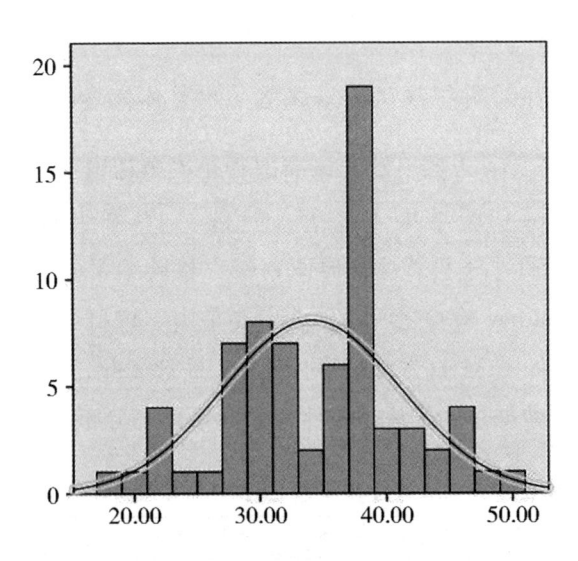

图 34 17 岁群组直方图

（二）不同年龄群组被试英语课堂焦虑各维度数据正态分布检验结果

如表 15 所示，16 岁群组被试在英语课堂焦虑维度一（他人面前表现不佳恐惧）和维度二（英语课堂恐惧）上的正态分布 Kolmogorov-Smirnov 检验结果显著，但 p 值趋向于显著临界值 0.05。17 岁被试在两个维度上的 Kolmogorov-Smirnov 检验显著性均大于 0.05。从 16 岁和 17 岁群组各维度直方图（图 35—图 38）上来判断，16 岁和 17 岁群组被试的数据比较趋向于正态分布。综合 Kolmogorov-Smirnov 检验结果和直方图来看，16 岁和 17 岁群组被试在英语课堂焦虑维度一和二上的数据判定为基本上符合正态分布。

表 15　16 岁和 17 岁群组被试英语课堂焦虑各维度数据正态分布统计检验结果

		Kolmogorov-Smirnov 检验			Shapiro-Wilk 检验		
		统计量	自由度	显著性	统计量	自由度	显著性
维度一	16 岁群组	0.09	110	0.039	0.99	110	0.361
	17 岁群组	0.06	71	0.200	0.98	71	0.406
维度二	16 岁群组	0.09	110	0.019	0.99	110	0.430
	17 岁群组	0.08	71	0.200	0.99	71	0.941

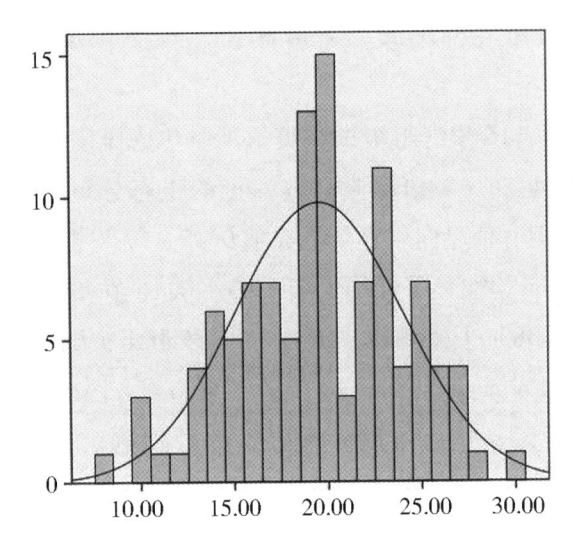

图35 16岁群组维度一直方图

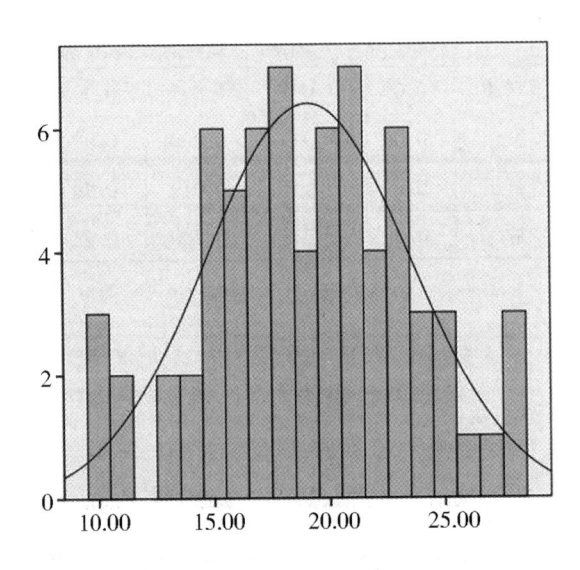

图36 17岁群组维度一直方图

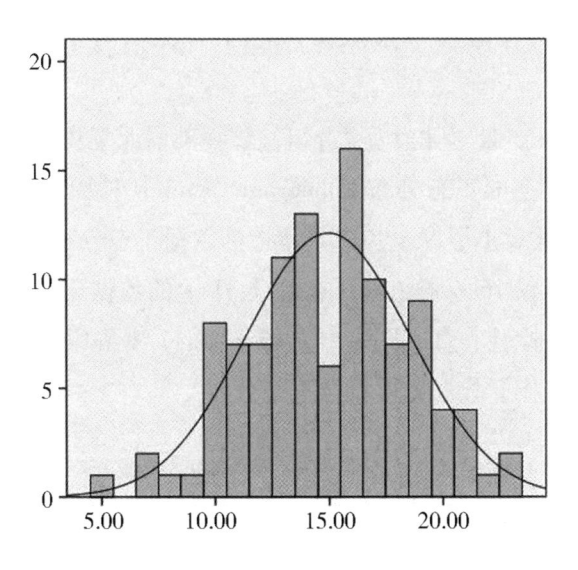

图 37　16 岁群组维度二直方图

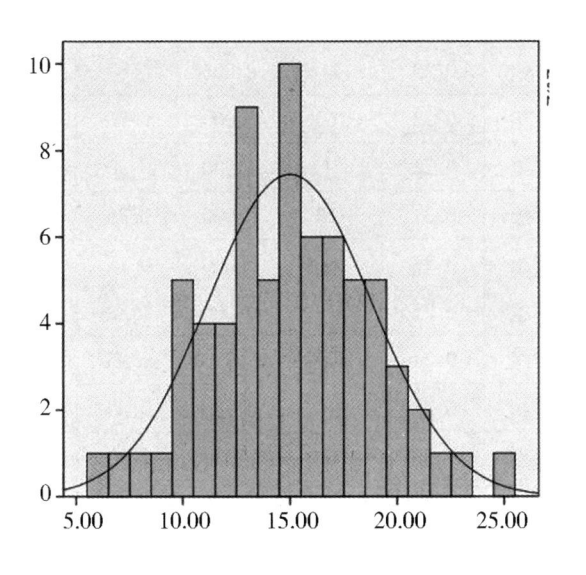

图 38　17 岁群组维度二直方图

(三) 不同年龄群组被试英语课堂焦虑具体指标数据正态分布检验结果

如表 16 所示, 16 岁和 17 岁群组被试在英语课堂焦虑具体指标（即焦虑量表各题项）上的正态分布 Kolmogorov-Smirnov 检验结果均显著。从 16 岁和 17 岁群组被试英语课堂焦虑具体指标数据正态分布直方图（图 39—图 60）上来判断，仅 16 岁群组被试在题项 31 上的数据比较明显地偏离正态分布。综合统计检验和直方图来看, 16 岁和 17 岁群组被试的绝大多数英语课堂焦虑具体指标数据比较符合正态分布。

表 16　16 岁和 17 岁群组被试英语课堂焦虑具体指标数据正态分布统计检验结果

		Kolmogorov-Smirnov 检验			Shapiro-Wilk 检验		
		统计量	自由度	显著性	统计量	自由度	显著性
题项 4	16 岁群组	0.21	110	0.000	0.89	110	0.000
	17 岁群组	0.20	71	0.000	0.91	71	0.000
题项 5	16 岁群组	0.29	110	0.000	0.85	110	0.000
	17 岁群组	0.25	71	0.000	0.87	71	0.000
题项 8	16 岁群组	0.22	110	0.000	0.90	110	0.000
	17 岁群组	0.22	71	0.000	0.90	71	0.000
题项 9	16 岁群组	0.31	110	0.000	0.85	110	0.000
	17 岁群组	0.27	71	0.000	0.88	71	0.000
题项 15	16 岁群组	0.25	110	0.000	0.88	110	0.000
	17 岁群组	0.24	71	0.000	0.85	71	0.000
题项 17	16 岁群组	0.26	110	0.000	0.88	110	0.000
	17 岁群组	0.22	71	0.000	0.90	71	0.000
题项 18	16 岁群组	0.20	110	0.000	0.90	110	0.000
	17 岁群组	0.21	71	0.000	0.90	71	0.000
题项 28	16 岁群组	0.22	110	0.000	0.90	110	0.000
	17 岁群组	0.22	71	0.000	0.90	71	0.000

续表

		Kolmogorov-Smirnov 检验			Shapiro-Wilk 检验		
		统计量	自由度	显著性	统计量	自由度	显著性
题项 29	16 岁群组	0.22	110	0.000	0.90	110	0.000
	17 岁群组	0.19	71	0.000	0.91	71	0.000
题项 31	16 岁群组	0.23	110	0.000	0.89	110	0.000
	17 岁群组	0.17	71	0.000	0.92	71	0.000
题项 33	16 岁群组	0.28	110	0.000	0.87	110	0.000
	17 岁群组	0.24	71	0.000	0.89	71	0.000

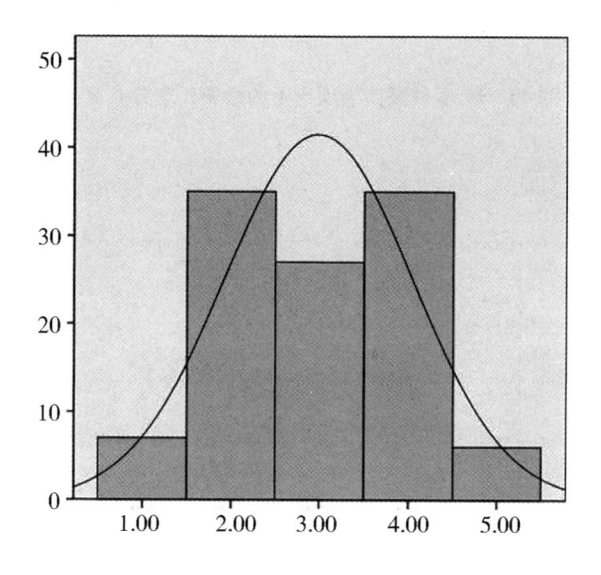

图 39　16 岁被试在题项 4 上的数据正态分布直方图

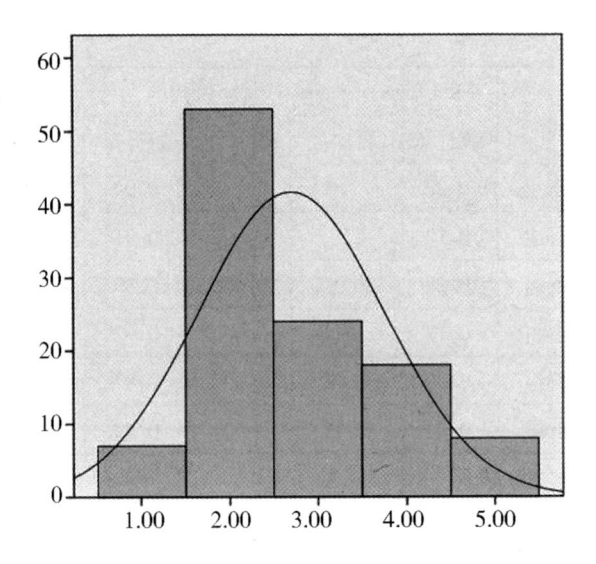

图40 16岁被试在题项5上的数据正态分布直方图

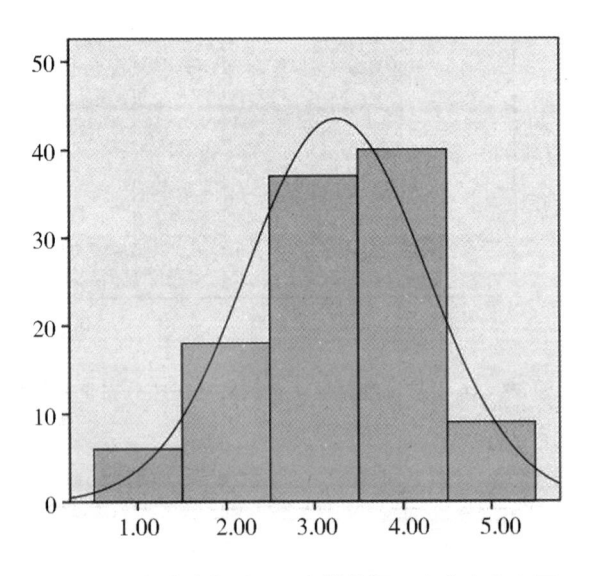

图41 16岁被试在题项8上的数据正态分布直方图

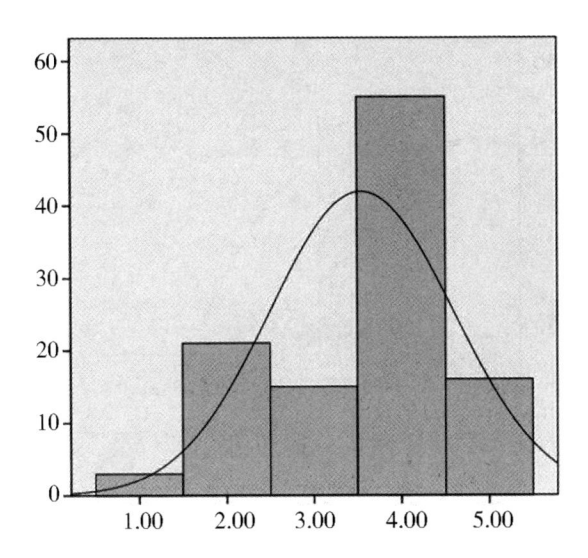

图 42 16 岁被试在题项 9 上的数据正态分布直方图

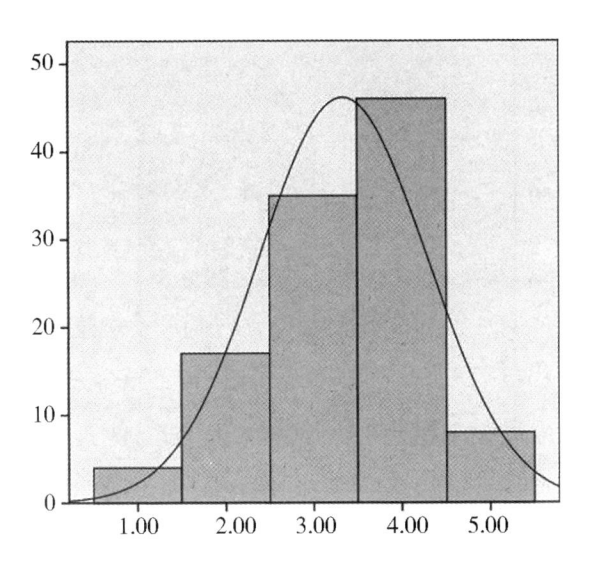

图 43 16 岁被试在题项 15 上的数据正态分布直方图

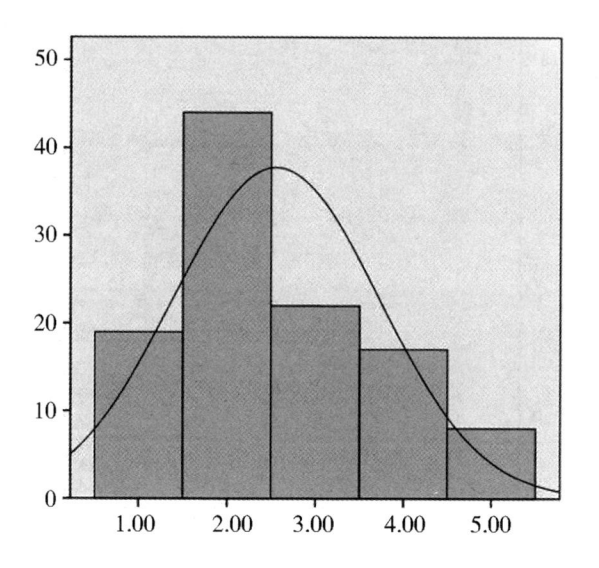

图 44 16 岁被试在题项 17 上的数据正态分布直方图

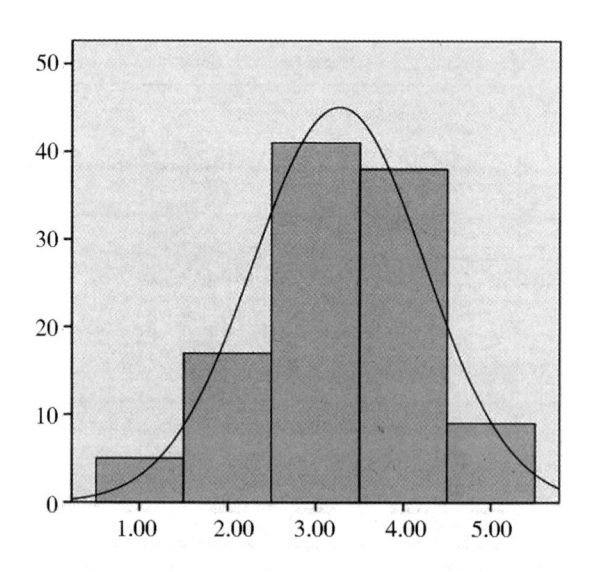

图 45 16 岁被试在题项 18 上的数据正态分布直方图

<<< 第一章 外语课堂焦虑情绪的性别和年龄差异研究

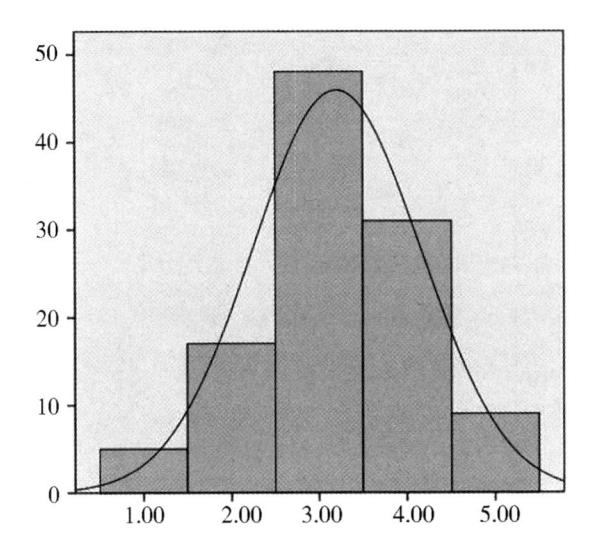

图 46 16 岁被试在题项 28 上的数据正态分布直方图

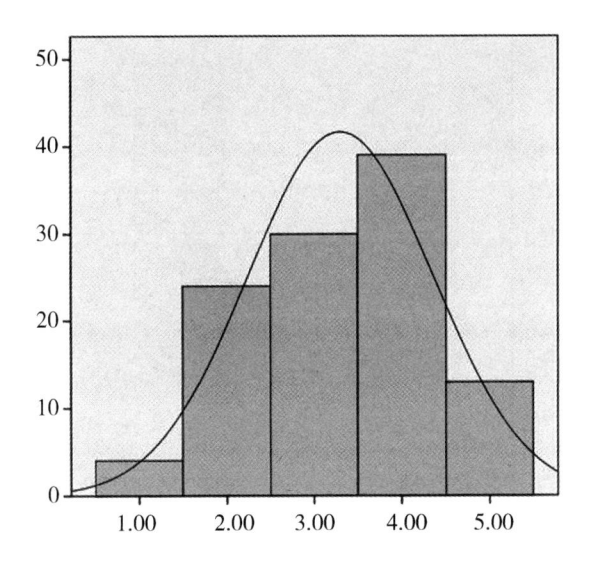

图 47 16 岁被试在题项 29 上的数据正态分布直方图

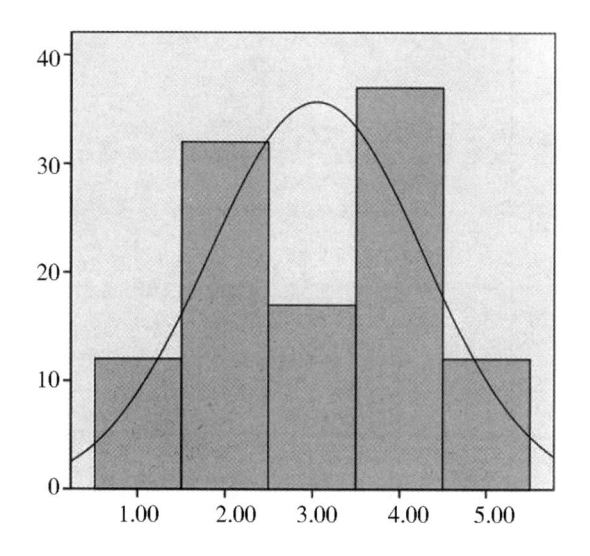

图 48　16 岁被试在题项 31 上的数据正态分布直方图

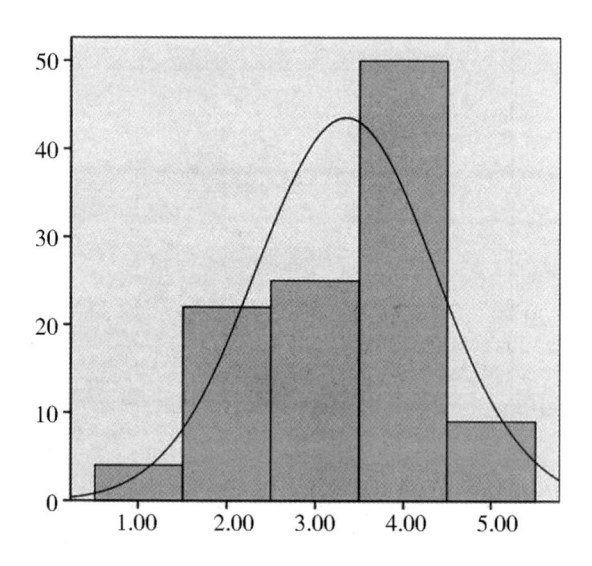

图 49　16 岁被试在题项 33 上的数据正态分布直方图

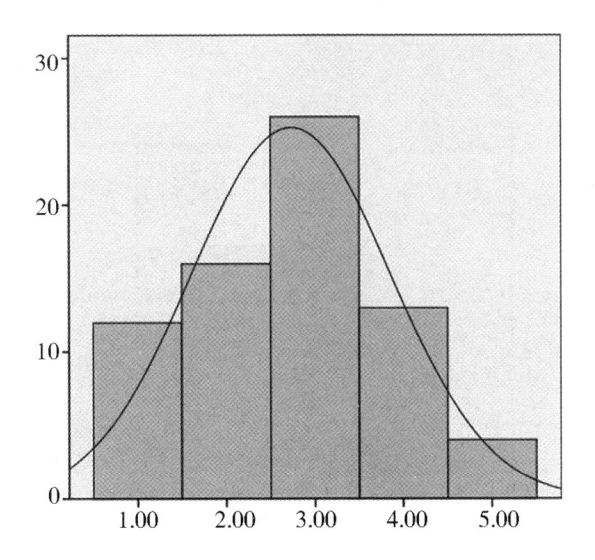

图50　17岁被试在题项4上的数据正态分布直方图

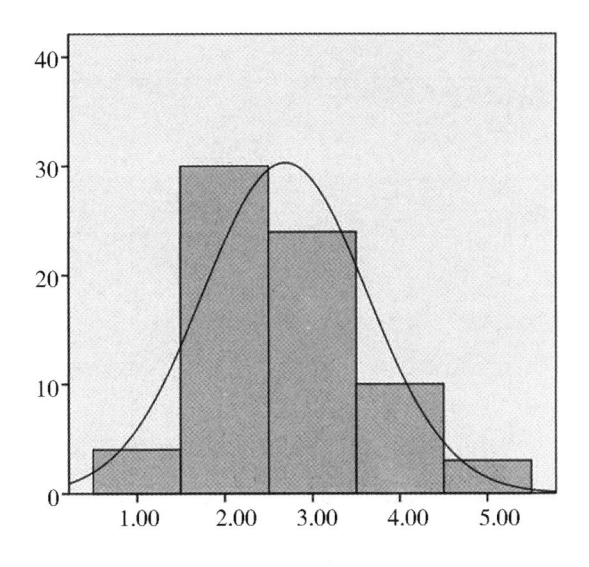

图51　17岁被试在题项5上的数据正态分布直方图

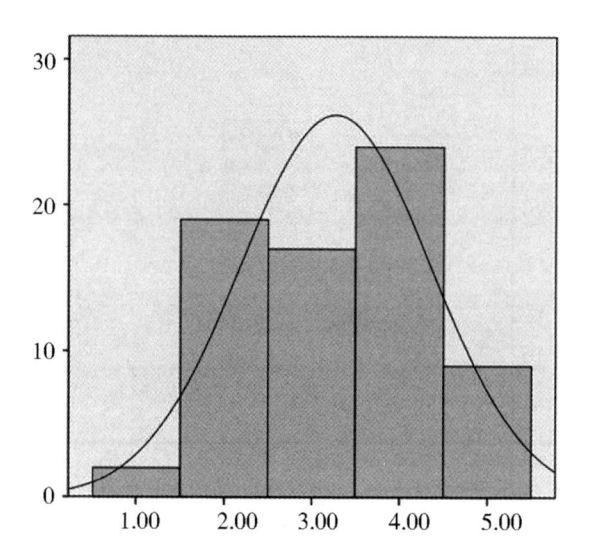

图 52　17 岁被试在题项 8 上的数据正态分布直方图

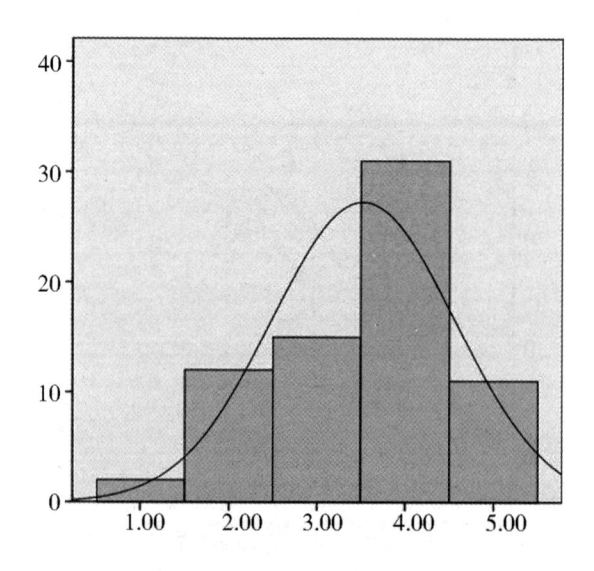

图 53　17 岁被试在题项 9 上的数据正态分布直方图

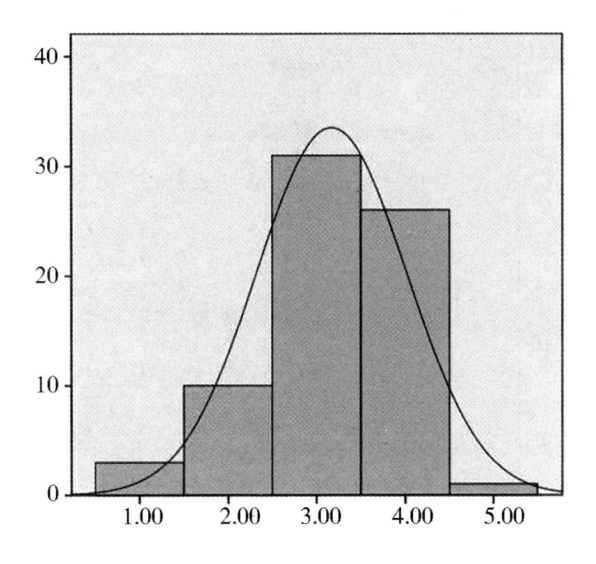

<<< 第一章 外语课堂焦虑情绪的性别和年龄差异研究

图 54 17 岁被试在题项 15 上的数据正态分布直方图

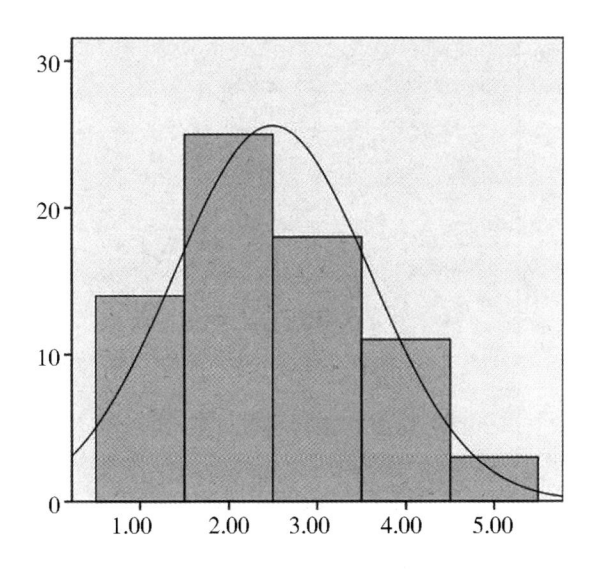

图 55 17 岁被试在题项 17 上的数据正态分布直方图

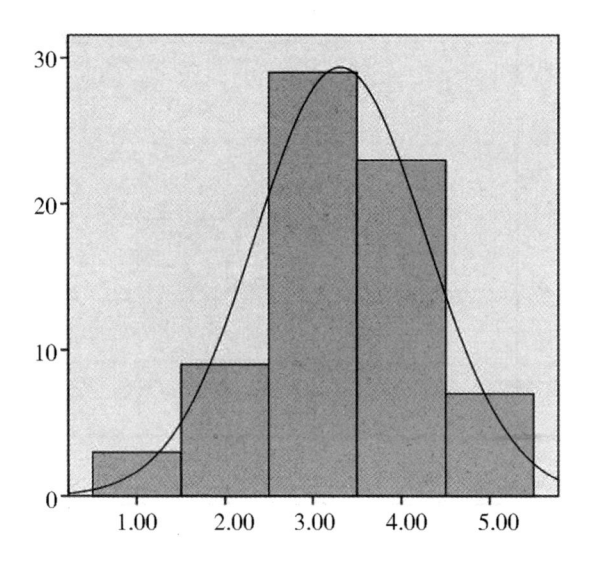

图 56　17 岁被试在题项 18 上的数据正态分布直方图

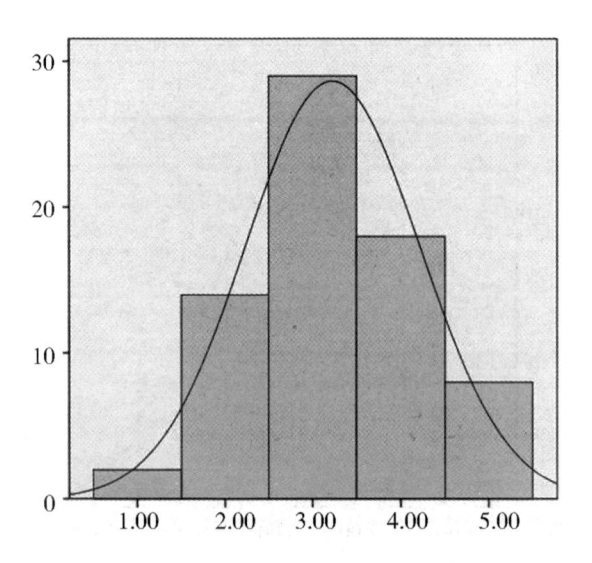

图 57　17 岁被试在题项 28 上的数据正态分布直方图

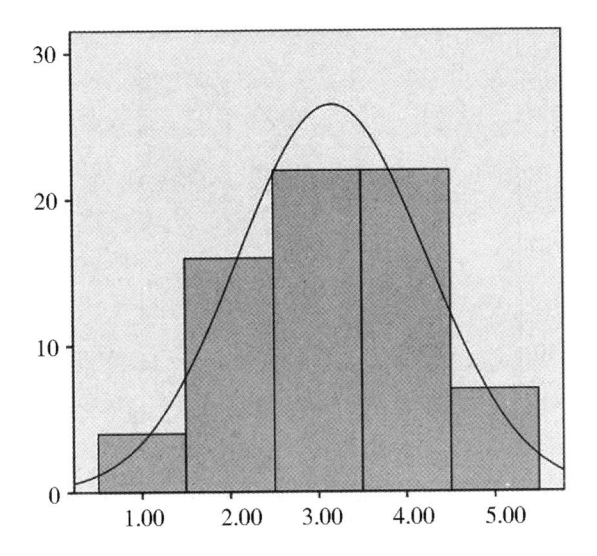

图58 17岁被试在题项29上的数据正态分布直方图

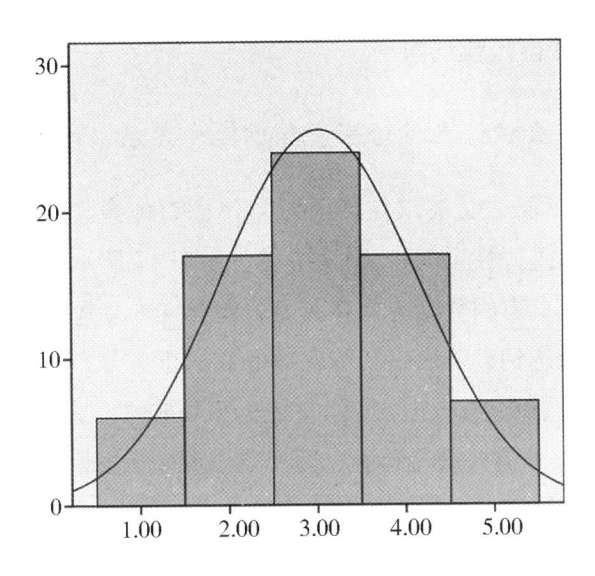

图59 17岁被试在题项31上的数据正态分布直方图

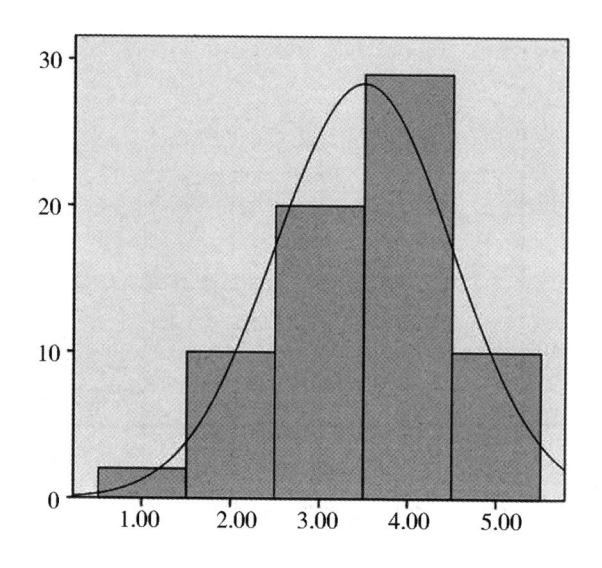

图 60　17 岁被试在题项 33 上的数据正态分布直方图

五、方差齐性检验结果

（一）男—女被试在英语课堂焦虑概念各层次方差齐性检验结果

表 17 汇总了男—女被试在英语课堂焦虑整体概念、各维度、各具体指标上的数据方差齐性 Levene 检验结果。如表 17 所示，男女被试在英语课堂焦虑整体概念上的数据方差存在显著差异（$p < 0.05$），而在各维度、各具体指标上未达到显著水平。综合考虑数据正态分布和方差齐性检验的结果，本研究对男女被试在英语课堂焦虑整体概念、题项 17 上的差异采用 Mann-Whitney U 方式进行检验，而在英语课堂焦虑两个维度层面和其他题项上的比较则采用独立样本 t 检验统计方式。

表17 男一女被试在英语课堂焦虑概念各层次数据方差齐性检验结果

	Levene 检验	显著性
英语课堂焦虑整体概念	6.71	0.010
英语课堂焦虑概念维度一	1.56	0.214
英语课堂焦虑概念维度二	1.98	0.161
题项4	1.66	0.200
题项5	1.39	0.239
题项8	0.16	0.687
题项9	0.00	0.954
题项15	2.10	0.149
题项17	1.80	0.181
题项18	1.97	0.162
题项28	0.00	0.951
题项29	0.54	0.463
题项31	1.40	0.238
题项33	1.36	0.245

（二）不同年龄群组被试在英语课堂焦虑概念各层次方差齐性检验结果

表18汇总了16岁—17岁群组被试在英语课堂焦虑整体概念、各维度、各具体指标上的数据方差齐性Levene检验结果。如表所示，两个被试组的英语课堂焦虑整体概念数据的方差不存在显著差异（$p > 0.05$）。在焦虑维度层面，16岁和17岁被试的数据方差差异也未达到显著水平。在各具体指标方面，16岁和17岁群组被试在题项31上的方差差异达到了显著性水平，但在其他题项上的方差齐性检验结果不显著。

表18 16岁—17岁群组被试在英语课堂焦虑概念各层次上的数据方差齐性检验结果

	Levene 检验	显著性
英语课堂焦虑整体概念	0.64	0.426
英语课堂焦虑概念维度一	0.00	0.977
英语课堂焦虑概念维度二	0.01	0.916
题项4	0.18	0.676
题项5	2.02	0.157
题项8	1.58	0.210
题项9	0.00	0.988
题项15	3.03	0.083
题项17	0.24	0.626
题项18	0.02	0.884
题项28	0.28	0.599
题项29	0.07	0.798
题项31	4.84	0.029
题项33	0.12	0.732

六、男女被试焦虑比较结果

（一）男女被试在英语课堂焦虑整体概念上的数据比较结果

男女被试英语课堂焦虑整体概念数据比较采用 Mann-Whitney U 检验方式，原因在于男女被试数据的方差存在显著差异。如表19所示，结果显示男女被试在英语课堂焦虑整体概念层面上不存在显著差异。

表19 男女被试英语课堂焦虑整体概念数据 Mann-Whitney U 检验结果

	英语课堂焦虑整体概念
Mann-Whitney U	4653.50
Wilcoxon W	8569.50
Z	-0.25
渐近显著性（双侧）	0.803

（二）男女被试在英语课堂焦虑各维度上的数据比较结果

因为男女被试在英语课堂焦虑两维度层面的数据均比较符合正态分布并且在两个维度上男女被试的数据方差齐性检验都不显著，所以两组被试在英语课堂焦虑两维度上的数据的比较采用独立样本 t 检验统计手段。如表20所示，结果显示男女被试在英语课堂焦虑具体维度上的均值差异不显著。

表20 男女被试英语课堂焦虑两维度数据独立样本 t 检验结果

		Levene 方差检验		均值的 t 检验					差分的95%置信区间	
		F值	显著性	t值	自由度	显著性（双侧）	均值差值	标准误差值	下限	上限
维度一	假设方差相等	1.56	0.21	0.61	194.00	0.544	0.39	0.64	-0.87	1.65
	假设方差不相等	—	—	0.62	192.28	0.539	0.39	0.63	-0.86	1.64
维度二	假设方差相等	1.98	0.16	-0.48	194.00	0.631	-0.26	0.53	-1.30	0.79
	假设方差不相等	—	—	-0.49	193.26	0.626	-0.26	0.52	-1.29	0.78

（三）男女被试在英语课堂焦虑具体指标上的数据比较结果

男女被试在题项 4、5、8、9、15、18、28、29、31 和 33 上的数据差异采用独立样本 t 检验进行比较，但在题项 17 上的差异采用 Mann-Whitney U 检验进行比较。如表 21 和表 22 所示，男女群组被试在题项 4、5、8、9、15、17、18、28、29、31 和 33 上的分值不存在显著差异。

表 21 男女被试英语课堂焦虑具体指标数据独立样本 t 检验结果

		Levene 方差检验		均值的 t 检验					差分的 95% 置信区间	
		F 值	显著性	t 值	自由度	显著性（双侧）	均值差值	标准误差值	下限	上限
题项 4	假设方差相等	1.66	0.200	0.28	194.00	0.780	0.04	0.16	−0.27	0.35
	假设方差不相等	—	—	0.28	189.24	0.779	0.04	0.16	−0.26	0.35
题项 5	假设方差相等	1.39	0.239	−0.16	194.00	0.873	−0.02	0.15	−0.31	0.27
	假设方差不相等	—	—	−0.16	191.87	0.872	−0.02	0.15	−0.31	0.26
题项 8	假设方差相等	0.16	0.687	0.50	194.00	0.615	0.08	0.15	−0.22	0.37
	假设方差不相等	—	—	0.50	182.02	0.617	0.08	0.15	−0.22	0.38
题项 9	假设方差相等	0.00	0.954	0.41	194.00	0.684	0.06	0.15	−0.23	0.35
	假设方差不相等			0.41	185.67	0.684	0.06	0.15	−0.23	0.35

续表

		Levene 方差检验		均值的 t 检验						
		F 值	显著性	t 值	自由度	显著性（双侧）	均值差值	标准误差值	差分的95%置信区间	
									下限	上限
题项15	假设方差相等	2.10	0.149	0.99	194.00	0.322	0.13	0.13	−0.13	0.39
	假设方差不相等	—	—	1.01	192.58	0.316	0.13	0.13	−0.13	0.39
题项18	假设方差相等	1.97	0.162	−0.37	194.00	0.709	−0.05	0.14	−0.33	0.22
	假设方差不相等	—	—	−0.38	192.26	0.706	−0.05	0.14	−0.32	0.22
题项28	假设方差相等	0.00	0.951	−0.96	194.00	0.339	−0.13	0.14	−0.41	0.14
	假设方差不相等	—	—	−0.96	187.84	0.338	−0.13	0.14	−0.41	0.14
题项29	假设方差相等	0.54	0.463	0.05	194.00	0.962	0.01	0.15	−0.29	0.31
	假设方差不相等	—	—	0.05	189.73	0.962	0.01	0.15	−0.29	0.30
题项31	假设方差相等	1.40	0.238	−0.34	194.00	0.736	−0.06	0.17	−0.40	0.28
	假设方差不相等	—	—	−0.34	189.03	0.735	−0.06	0.17	−0.40	0.28
题项33	假设方差相等	1.36	0.245	1.43	194.00	0.155	0.20	0.14	−0.08	0.49
	假设方差不相等	—	—	1.41	177.56	0.160	0.20	0.14	−0.08	0.49

表 22　男被试题项 17 数据 Mann-Whitney U 检验结果

	题项 17
Mann-Whitney U	4372.50
Wilcoxon W	10258.50
Z	−1.00
渐近显著性（双侧）	0.317

七、不同年龄群组被试焦虑比较结果

（一）不同年龄群组被试在英语课堂焦虑整体概念上的数据比较结果

16 岁和 17 岁群组被试英语课堂焦虑整体概念数据的比较采用独立样本 t 检验统计方式，主要是因为两组数据比较趋向于正态分布，而且其方差齐性检验不显著。如表 23 所示，两组被试数据均值差异显著性大于 0.05，说明 16 岁和 17 岁被试在英语课堂焦虑整体概念上无显著差异。

表 23　16 岁和 17 岁被试英语课堂焦虑整体概念数据独立样本 t 检验结果

	Levene 方差检验		均值的 t 检验						
	F 值	显著性	t 值	自由度	显著性（双侧）	均值差值	标准误差值	差分的95%置信区间 下限	差分的95%置信区间 上限
假设方差相等	0.64	0.43	0.41	179.00	0.68	0.43	1.04	−1.62	2.47
假设方差不相等	—	—	0.41	144.09	0.68	0.43	1.05	−1.64	2.50

(二) 不同年龄群组被试在英语课堂焦虑各维度上的数据比较结果

16岁和17岁群组被试在英语课堂焦虑两维度上的比较同样采用独立样本t检验统计方式,原因在于两组被试的英语课堂焦虑两维度数据趋向于正态分布,而且两组被试在每个维度上的数据方差差异不显著。如表24所示,两组被试在每个焦虑维度上的数据均值差异显著性都大于0.05,说明16岁和17岁被试在这两个课堂焦虑维度上不存在显著差异。

表24 16岁和17岁被试英语课堂焦虑两维度数据独立样本t检验结果

		Levene方差检验		均值的t检验					差分的95%置信区间	
		F值	显著性	t值	自由度	显著性(双侧)	均值差值	标准误差值	下限	上限
维度一	假设方差相等	0.00	0.977	0.65	179.00	0.516	0.44	0.68	-0.90	1.78
	假设方差不相等	—	—	0.65	150.86	0.515	0.44	0.68	-0.89	1.78
维度二	假设方差相等	0.01	0.916	-0.02	179.00	0.981	-0.01	0.56	-1.12	1.10
	假设方差不相等	—	—	-0.02	144.25	0.982	-0.01	0.57	-1.14	1.11

(三) 不同年龄群组被试在英语课堂焦虑具体指标上的数据比较结果

16岁和17岁群组被试在题项4、5、8、9、15、17、18、28、29和33上的分值差异采用独立样本t检验进行比较,但是在题项31上的差异采用Mann-Whitney U检验。如表25和表26所示,16岁和17岁群组被试在题项4、5、8、9、15、17、18、28、29、31和33上的分值均不存在显著差异。

表 25　16 岁和 17 岁被试英语课堂焦虑具体指标数据独立样本 t 检验结果

		Levene 方差检验		均值的 t 检验						差分的 95%置信区间	
		F 值	显著性	t 值	自由度	显著性（双侧）	均值差值	标准误差值	下限	上限
题项 4	假设方差相等	0.18	0.676	1.51	179.00	0.132	0.25	0.16	−0.08	0.57
	假设方差不相等	—	—	1.49	143.24	0.137	0.25	0.17	−0.08	0.58
题项 5	假设方差相等	2.02	0.157	0.06	179.00	0.949	0.01	0.15	−0.29	0.31
	假设方差不相等	—	—	0.07	161.97	0.948	0.01	0.15	−0.29	0.31
题项 8	假设方差相等	1.58	0.210	−0.08	179.00	0.934	−0.01	0.16	−0.32	0.30
	假设方差不相等	—	—	−0.08	141.90	0.935	−0.01	0.16	−0.33	0.30
题项 9	假设方差相等	0.00	0.988	0.15	179.00	0.878	0.02	0.16	−0.29	0.34
	假设方差不相等	—	—	0.15	150.15	0.878	0.02	0.16	−0.29	0.34
题项 15	假设方差相等	3.03	0.083	1.21	179.00	0.229	0.17	0.14	−0.11	0.44
	假设方差不相等	—	—	1.24	161.79	0.218	0.17	0.14	−0.10	0.43

续表

		Levene 方差检验		均值的 t 检验						
		F 值	显著性	t 值	自由度	显著性（双侧）	均值差值	标准误差值	差分的95%置信区间	
									下限	上限
题项17	假设方差相等	0.24	0.626	0.36	179.00	0.723	0.06	0.17	-0.28	0.40
	假设方差不相等	—	—	0.36	154.74	0.721	0.06	0.17	-0.28	0.40
题项18	假设方差相等	0.02	0.884	-0.31	179.00	0.755	-0.05	0.15	-0.34	0.25
	假设方差不相等	—	—	-0.31	150.50	0.754	-0.05	0.15	-0.34	0.25
题项28	假设方差相等	0.28	0.599	-0.17	179.00	0.864	-0.03	0.15	-0.32	0.27
	假设方差不相等	—	—	-0.17	145.88	0.865	-0.03	0.15	-0.32	0.27
题项29	假设方差相等	0.07	0.798	0.81	179.00	0.418	0.13	0.16	-0.19	0.45
	假设方差不相等	—	—	0.81	148.01	0.420	0.13	0.16	-0.19	0.45
题项33	假设方差相等	0.12	0.732	-0.97	179.00	0.336	-0.15	0.15	-0.45	0.15
	假设方差不相等	—	—	-0.97	150.64	0.335	-0.15	0.15	-0.45	0.15

表 26　16 岁和 17 岁被试题项 31 数据 Mann-Whitney U 检验结果

	题项 31
Mann-Whitney U	3851.50
Wilcoxon W	6407.50
Z	-0.16
渐近显著性（双侧）	0.873

第五节　讨论

　　本研究在中国高中生的英语学习情境下，进一步深入调查性别和年龄变量对外语课堂焦虑的影响。具体来说，本研究调查了男性和女性之间、不同年龄层次的学习者之间在外语课堂焦虑整体概念、外语课堂焦虑概念各维度、外语课堂焦虑具体表征三个层次上是否存在显著差异。为了回答这些问题，本研究采用了独立样本 t 检验和 Mann-Whitney U 检验（非）参数检验方式。在此之前，本研究采用描述性统计分析手段调查了男/女性和不同年龄层次被试在英语课堂焦虑概念各层次上的水平。

　　首先，本研究中的男女被试/不同年龄群组被试在英语课堂焦虑整体概念层面上处于中度焦虑水平。在较为具体的焦虑维度上，无论是男性被试还是女性被试也都没有表现得十分惧怕英语课堂或者担心自己在课堂上表现不佳。在英语课堂焦虑具体指标层面上，本研究也未发现男女被试/不同年龄群组被试存在严重的焦虑情绪。前期研究发现学习者的外语课堂焦虑水平与其外语学习时间的长短有关。时间越长，外语课堂焦虑水平越低。本研究中的被试最短英语学习时间约为 4 年，最长约 11 年，平均英语学习时间达到近 8 年。由于学习时间较长,被试对英语学习变得较为适应,这降低了他/她们的英语课堂焦虑情绪。另外,本研究的数据在被试高一年级几近结束的时候收集。经过近一年的学习,这些被试可能对其英语老师的教学风格、课堂环境变得更为熟悉,进而缓解了他/她们的英语课堂焦虑。

本研究还发现男女被试/不同年龄群组被试在外语课堂焦虑概念的各个层面都不存在显著差异,说明性别和年龄对外语课堂焦虑没有显著影响。本研究对年龄和外语课堂焦虑关系的调查结果与 Dewaele、Witney、Saito 和 Dewaele(2018)的研究结果一致。但是,本研究还对性别与课堂焦虑的关系的研究发现与 Dewaele、MacIntyre、Boudreau 和 Dewaele(2016)的研究发现不一致。Dewaele、MacIntyre、Boudreau 和 Dewaele(2016)发现女性比男性有更强的外语课堂焦虑情绪。研究结果的不一致说明了社会文化和教育环境对性别与外语课堂焦虑情绪关系的调节作用。

本研究还存在一些不足。首先,本研究的被试来自同一所学校,很可能这所学校所具备的独特特点使得本研究中被试的外语焦虑水平展现出与其他学校学生不一样的特点,这在某种程度上影响到了对性别/年龄与外语课堂焦虑关系的调查。其次,本研究的男女被试分别为 88 和 108 人,虽然构成了大样本,但相对来说样本量还是比较小。今后的研究应扩大样本量,对性别/年龄与外语课堂焦虑的关系做进一步的调查。

尽管如此,本研究的主题与结果仍然对中国高中阶段的英语教学有重要启示。首先,本研究关注中国高中生的英语课堂焦虑这一公认的负面学习情绪,是为数不多的针对高中生展开的外语学习情绪研究之一。这样的研究主题有助于唤起二语习得研究者以及一线外语教师对学习者语言学习情绪的关注。其次,调查高中生英语课堂焦虑的水平有助于反思高中生焦虑产生的诱因,如教学方法、教学环境等对英语课堂焦虑的影响。这种反思对于一线高中英语教师来说尤为重要,因为这有助于他/

她们在英语教学过程中控制容易触发学习者焦虑的因素，放大对抑制焦虑有利的因素。最后，对比男女/不同年龄层次的高中生的英语课堂焦虑除了在学术层面上对丰富外语课堂焦虑影响变量研究有贡献外，还可以帮助教师在教学过程中对不同性别和年龄的学生采用定制化的教学策略。

第二章

外语课堂愉悦情绪的性别和年龄差异研究

本研究探讨了男性和女性/不同年龄层次的学习者在外语课堂愉悦概念各个层次上的差异。196 名来自中国北方某省份的高一年级学生参与了调查研究。研究工具为中文版《外语课堂愉悦情绪量表》。结果表明男女被试在外语课堂愉悦概念的"外语学习愉悦"维度和《外语课堂愉悦情绪量表》题项 8 上存在显著差异。16 岁和 17 岁群组被试在《外语课堂愉悦情绪量表》题项 21 上存在显著差异。本文对这些研究发现进行了讨论。

第一节　研究背景

21 世纪初积极心理学成为一个独立的学科分支。积极心理学将积极的个人体验、积极的个人特质和积极的组织作为研究对象（Seligman & Csikszentmihalyi, 2000），从而实现了心理学研究从仅关注消极情绪到既关注消极情绪又关注积极情绪的转变。在 Jean – Marc Dewaele、Peter MacIntyre、Sarah Mercer 等学者的倡导下，积极心理学也被引入到二语习得领域，鼓励越来越多的研究者将注意力转向二语或外语学习积极情绪的研究。

二语习得领域的外语学习愉悦情绪研究始于 Dewaele 和 MacIntyre

（2014）对 1376 名国际样本展开的研究。具体来说，该研究主要调查了外语课堂焦虑和愉悦情绪的关系并采用定性和定量研究方式探索了外语课堂愉悦情绪的影响因素。为此，Dewaele 和 MacIntyre（2014）研制了一个包含 21 个题项的外语课堂愉悦情绪量表。通过对这 1376 名被试在该愉悦量表和 8 个题项的外语课堂焦虑情绪量表上的得分做相关性分析，Dewaele 和 MacIntyre（2014）发现外语课堂焦虑和愉悦情绪之间存在较弱的关系。另外，外语课堂焦虑和愉悦情绪的数据并未呈现出此消彼长的模态。根据这些发现，Dewaele 和 MacIntyre（2014）认为外语课堂焦虑和愉悦情绪具有相对的独立性，这两种课堂情绪不应该被作为一个连续体的两端。这也就意味着学习者可能在课堂中同时经历较强或较弱的焦虑和愉悦情绪。另外，Dewaele 和 MacIntyre（2014）通过统计分析发现外语课堂愉悦情绪受一系列学习者变量的影响，包括年龄、性别、已学或者正在学习的外语的数量、感知到的外语水平、感知到的自己在同学中的名次、教育水平、所生活的地区等。定性研究表明学生的外语课堂愉悦情绪会受到课堂活动、同伴支持、教师支持、教师的教学技巧、个人感知到的外语学习进步和外语运用能力的影响。其中，课堂活动对学生外语课堂愉悦情绪的影响最突出。这些课堂活动包括角色扮演、辩论、视频制作、游戏、唱歌、准备小组展示等（Dewaele & MacIntyre，2014）。

  Jiang 和 Dewaele（2019）在中国大学生的英语学习环境下调查了外语课堂愉悦情绪的影响因素。被试均来自中国的某知名院校，研究设计为定性和定量研究相结合的混合研究方式。定量研究结果表明一系列学生变量（包括对老师和外语的态度、外语熟练水平、感知到的在同伴中的名次）和老师对学生的情感支持程度都是学习者外语课堂愉悦情绪的显著预测变量。定性研究揭示了三类外语课堂愉悦情绪影响因素。这些影响因素与学习者自身、老师和同伴有关。Li、Dewaele 和 Jiang（2019）也发现学习者的外语熟练程度可显著预测其外语课堂愉悦情绪水平。

  总的来说，外语课堂愉悦情绪的研究刚刚起步，特别是在国内（Jin &

Zhang，2018）。因此，有必要对与外语课堂愉悦情绪有关的话题做深入的探究，以便更好地了解该情绪的属性，并为改进教学环节，提高学生的学业成绩提供必要的参考。鉴于此，本研究拟以中国高中生为研究对象深入调查性别和年龄对外语课堂愉悦情绪的影响。

第二节　研究问题

本研究主要回答如下六个问题：

1）男性和女性在外语课堂愉悦情绪整体概念层面上是否存在显著差异？

2）男性和女性在外语课堂愉悦概念各维度层面上是否存在显著差异？

3）男性和女性在外语课堂愉悦情绪具体指标层面上是否存在显著差异？

4）不同年龄的学生在外语课堂愉悦情绪整体概念层面上是否存在显著差异？

5）不同年龄的学生在外语课堂愉悦概念各维度层面上是否存在显著差异？

6）不同年龄的学生在外语课堂愉悦情绪具体指标上是否存在显著差异？

第三节　方法论

一、被试

被试由 196 个来自中国某省份的高一年级学生组成，其中男生 88 人，女生 108 人，分处在同一所学校的 5 个班级。在这 196 个被试中，15 岁被试 6 人，16 岁被试 110 人，17 岁被试 71 人，18 岁被试 8 人（1 名被试未提供年龄信息），平均年龄约 16 岁。鉴于 15 岁和 18 岁被试人数较少，因此仅比较了 16 岁和 17 岁被试在外语课堂愉悦情绪概念各层次的差异。其他被试人口学信息参见"外语课堂焦虑情绪的性别和年龄差异研究"一章。

二、研究工具

本研究的工具为中文版《外语课堂愉悦情绪量表》。该量表在 Dewaele 和 MacIntyre（2014）的英文版《外语课堂愉悦情绪量表》的基础上改编而来，包含 3 个分量表，即《外语学习愉悦分量表》《教师支持愉悦分量表》和《同伴支持愉悦分量表》，共由 10 个正向陈述题构成（见附录 2；为便于和英文原量表进行比较，附录 2 量表题项的编号采用了该题项对应的英文题项在原量表中的编号）。题项采用李克特 5 级量表形式：1 = 非常不同意；2 = 不同意；3 = 既不同意也不反对；4 = 同意；5 = 非常同意。量表分值范围为 10～50，得分越高说明学生在外语课堂上获得的乐趣越多。在本研究中，该量表的克隆巴赫 α 系数为 0.80，各分量表的克隆巴赫 α 系数分别为 0.79、0.77 和 0.74，说明该量表具有良好的信度。

三、数据收集过程

本研究的数据收集过程参见"外语课堂焦虑情绪的性别和年龄差异研究"一章。

四、数据分析

数据分析主要从四个步骤展开。第一步为描述性分析，主要分析了男女被试和 16/17 岁群组被试在不同层次愉悦概念上的数据的最小值、最大值、均值和标准偏差。第二步检验男女被试和16/17岁群组被试不同层次愉悦概念数据的正态分布。第三步检验男女被试和16/17岁群组被试在不同层次愉悦概念上的数据的方差齐性。第四步比较了男女被试和16/17岁群组被试在不同层次愉悦概念上的差异。

第四节 结　果

一、男女被试数据描述性分析结果

（一）男女被试英语课堂愉悦整体概念数据描述性分析结果

如表1所示，本研究中男女被试的英语课堂愉悦情绪处于中等偏上水平。女性比男性表现出略高的愉悦情绪。另外，男性被试在英语课堂愉悦情绪整体概念层面上的得分区间比女性被试更大，但两组被试数据的标准偏差相差不大，表明男女被试组内部英语课堂愉悦水平的波动基本上一致。

表1　男女被试英语课堂愉悦情绪整体概念数据描述性分析结果

性别	最小值	最大值	平均值	标准偏差
女性	22.00	48.00	35.84	5.11
男性	21.00	50.00	34.86	5.78

（二）男女被试英语课堂愉悦概念各维度数据描述性分析结果

英语学习愉悦维度最高可得分数为20。本研究中男性和女性被试在这个维度上的均值分别为12.13和13.15（见表2）。因此，本研究中的男性和女性被试从英语学习中获得的愉悦情绪总体上处于中等水平。教师支持愉悦维度最高可得分数为15。本研究中的男性和女性被试在这个维度上的均值分别为11.89和12.05。因此，本研究中的男性和女性被试从教师支持中获得的愉悦情绪总体来说比较高。同伴支持愉悦维度最高可得分数为15。本研究中的男性和女性被试在这个维度上的均值分别为10.85和10.65。因此，本研究中的男性和女性被试从同学支持中获得的愉悦情绪总体来说处于中等偏上水平。

表2　男女性被试英语课堂愉悦概念各维度数据描述性分析结果

愉悦情绪维度	性别	最小值	最大值	均值	标准差
英语学习愉悦	女性	6.00	20.00	13.15	2.53
英语学习愉悦	男性	4.00	20.00	12.13	3.21
教师支持愉悦	女性	8.00	15.00	12.05	2.00
教师支持愉悦	男性	5.00	15.00	11.89	2.05
同伴支持愉悦	女性	4.00	15.00	10.65	2.34
同伴支持愉悦	男性	5.00	15.00	10.85	2.33

（三）男女被试英语课堂愉悦概念具体指标数据描述性分析结果

如表3所示，女性被试在题项5上的得分小于3（3＝既不同意也不反对），表明女性被试整体在英语课堂上比较缺乏"焕然一新"的感觉。尽管如此，女性被试在题项4、8、12上的得分均超过3，仍然说明女性被试比较享受英语学习（题项4、5、8、12构成了"英语学习愉悦"维度）。

在所有的题项中，女性被试在题项15、16、17上的得分最高，说明这些被试从教师支持中获得了很多愉悦情绪。另外，相较于题项20和21，女性被试在题项19上的平均分最低，但也超过3，从单个题项角度说明本研究中的被试从同伴支持中获得了较多的愉悦情绪。

表 3　女性愉悦情绪具体指标数据描述性分析结果

题项	最小值	最大值	均值	标准差
题项 4	1	5	3.27	0.86
题项 5	1	5	2.78	0.90
题项 8	2	5	3.64	0.75
题项 12	1	5	3.46	0.87
题项 15	1	5	3.93	0.87
题项 16	3	5	4.19	0.72
题项 17	2	5	3.93	0.84
题项 19	1	5	3.20	0.96
题项 20	1	5	3.67	0.94
题项 21	1	5	3.78	1.00

如表4所示，本研究中的男性被试在英语课堂愉悦情绪量表各个题项上的得分呈现出和女性被试同样的规律，即在除了题项5之外的其他所有题项上的平均分值都大于3（3＝既不同意也不反对）。另外，在所有题项中，男性被试在题项15、16、17上的得分总的来说较其他题项得分高，说明这些学生从教师支持中获得的愉悦情绪最多，从英语学习和同伴支持中获得的愉悦情绪次之。

表 4　男性愉悦情绪具体指标数据描述性分析结果

题项	最小值	最大值	均值	标准差
题项 4	1	5	3.09	1.00
题项 5	1	5	2.55	0.97
题项 8	1	5	3.24	0.97
题项 12	1	5	3.25	1.04
题项 15	1	5	4.02	0.83
题项 16	1	5	4.16	0.74
题项 17	1	5	3.70	0.85

续表

题项	最小值	最大值	均值	标准差
题项19	1	5	3.42	0.85
题项20	1	5	3.60	1.01
题项21	2	5	3.83	0.96

二、不同年龄群组被试数据描述性分析结果

（一）不同年龄群组被试英语课堂愉悦整体概念数据描述性分析结果

如表5所示，本研究中的16岁和17岁群组被试的英语课堂愉悦情绪处于中等偏上水平。16岁群组被试比17岁群组被试的愉悦情绪略高。16岁群组被试在英语课堂愉悦整体概念层面上的得分区间比17岁群组被试略大。16岁群组被试的标准偏差比17岁群组的标准偏差更大，表明16岁群组内部的英语课堂愉悦水平更具波动性。

表5 16岁和17岁群组被试英语课堂愉悦整体概念数据描述性分析结果

年龄群组	最小值	最大值	平均值	标准偏差
16岁	22.00	50.00	35.80	5.52
17岁	21.00	47.00	34.72	5.41

（二）不同年龄群组被试英语课堂愉悦概念各维度数据描述性分析结果

如表6所示，英语学习愉悦维度最高可得分数为20。本研究中的16岁和17岁群组被试在此维度上的均值分别为12.84和12.65。因此，在本研究中的16岁和17岁群组被试从学习中获得的愉悦情绪总的来说相差不大，都处于中等水平。教师支持愉悦维度最高可得分数为15。在本研究中16岁和17岁群组被试在这个维度上的均值分别为12.06和11.70。因此，

16 岁群组被试从教师支持中获得的愉悦情绪居于较高水平,而 17 岁群组的教师支持愉悦情绪则居于中等水平。说明 16 岁群组被试比 17 岁群组被试从教师支持中获得的愉悦情绪更多。同伴支持愉悦维度最高可得分数为 15。本研究中的 16 岁和 17 岁年龄群组被试在这个维度上的均值分别为 10.90 和 10.37。因此,16 岁和 17 岁年龄群组被试从同伴支持中获得的愉悦情绪几乎一样,都处于中等偏上水平。

表 6　16 岁和 17 岁群组被试英语课堂愉悦概念各维度数据描述性分析结果

愉悦情绪维度	年龄组	最小值	最大值	平均值	标准偏差
英语学习愉悦	16 岁群组	4.00	20.00	12.84	2.87
	17 岁群组	4.00	20.00	12.65	2.96
教师支持愉悦	16 岁群组	5.00	15.00	12.06	2.06
	17 岁群组	5.00	15.00	11.70	1.97
同伴支持愉悦	16 岁群组	5.00	15.00	10.90	2.29
	17 岁群组	4.00	15.00	10.37	2.40

(三)不同年龄群组被试英语课堂愉悦概念具体指标数据描述性分析结果

如表 7 所示,16 岁群组被试在题项 5 上的得分小于 3(3 = 既不同意也不反对),说明 16 岁群组被试在英语课堂上"焕然一新"的感觉相对少一些。尽管如此,16 岁被试在题项 4、8、12 上的得分均超过 3,仍然说明该群组被试整体上比较享受英语学习(题项 4、5、8、12 构成"英语学习愉悦"维度)。

16 岁被试在题项 15 和 16 上的得分高于在其他题项上的得分,其在题项 17 上的得分也在所有题项中居于前列。这些都说明 16 岁群组被试从教师支持中获得了相当多的愉悦情绪。另外,相较于题项 20 和 21,16 岁群组被试在题项 19 上的平均分要低,但也超过了 3,说明本研究中的 16 岁群组被试也从同伴支持中获得了较多愉悦情绪。

表7　16岁群组被试愉悦情绪具体指标数据描述性分析结果

	最小值	最大值	平均值	标准偏差
题项 4	1	5	3.22	0.95
题项 5	1	5	2.69	0.88
题项 8	1	5	3.49	0.88
题项 12	1	5	3.44	0.94
题项 15	1	5	4.05	0.85
题项 16	3	5	4.19	0.72
题项 17	1	5	3.83	0.88
题项 19	1	5	3.36	0.93
题项 20	1	5	3.62	0.96
题项 21	1	5	3.92	0.89

如表8所示，17岁群组被试在各个题项上的得分情况基本上与16岁群组被试一致。17岁群组被试在题项5上的平均分最低，在题项15、16和17上的得分最高。总的来说，本研究中的16岁和17岁群组被试在过去的英语学习过程中经历了较高的愉悦情绪。这种愉悦情绪既来自英语学习本身又来自教师和同伴的支持。

表8　17岁群组被试愉悦情绪具体指标数据描述性分析结果

	最小值	最大值	平均值	标准偏差
题项 4	1	5	3.20	0.90
题项 5	1	5	2.68	1.00
题项 8	1	5	3.51	0.86
题项 12	1	5	3.27	0.97
题项 15	1	5	3.85	0.84
题项 16	1	5	4.13	0.74
题项 17	2	5	3.73	0.84

续表

	最小值	最大值	平均值	标准偏差
题项 19	1	5	3.17	0.94
题项 20	1	5	3.62	1.01
题项 21	1	5	3.58	1.09

三、男女被试英语课堂愉悦概念各层次数据正态分布检验结果

（一）男女被试英语课堂愉悦整体概念数据正态分布检验结果

男女被试英语课堂愉悦整体概念数据是否符合正态分布需要从两个方面来判断。一是 Kolmogorov-Smirnov 正态分布检验结果（表9），二是绘制男女被试英语课堂愉悦整体概念数据正态分布直方图（图1和图2）。

表9　男女被试英语课堂愉悦整体概念数据正态分布统计检验结果

	Kolmogorov-Smirnov 检验			Shapiro-Wilk 检验		
	统计量	自由度	显著性	统计量	自由度	显著性
女性	0.08	108	0.083	0.98	108	0.233
男性	0.10	88	0.034	0.96	88	0.006

由上表得知女性被试英语课堂愉悦整体概念数据的 Kolmogorov-Smirnov 检验概率值大于 0.05 概率水平，检验结果不显著。女性被试英语愉悦整体概念数据正态分布直方图（图1）显示女性被试愉悦情绪数据呈现出一个较为完美的"倒钟"分布，多数被试的愉悦水平趋向女性被试组的平均值，少数被试的数据在距离均值较远的两端。直方图进一步印证了 Kolmogorov-Smirnov 的检验结果，均表明女性被试的英语课堂愉悦整体概念数据呈正态分布。

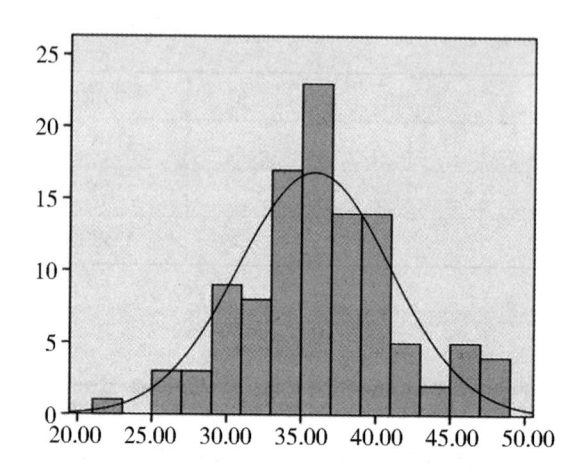

图 1　女性被试英语课堂愉悦整体概念数据正态分布直方图

男性被试英语课堂愉悦整体概念数据的 Kolmogorov-Smirnov 检验结果虽然显著，但是概率值接近 0.05 水平。另外，虽然男性被试英语愉悦整体概念数值正态分布直方图（图 2）显示多数男性被试的愉悦水平略偏向均值的左侧，但数据整体上趋向较为对称的"倒钟"分布。直方图和 Kolmogorov-Smirnov 检验结果比较一致，均表明男性被试的课堂愉悦整体概念数据基本上呈正态分布。

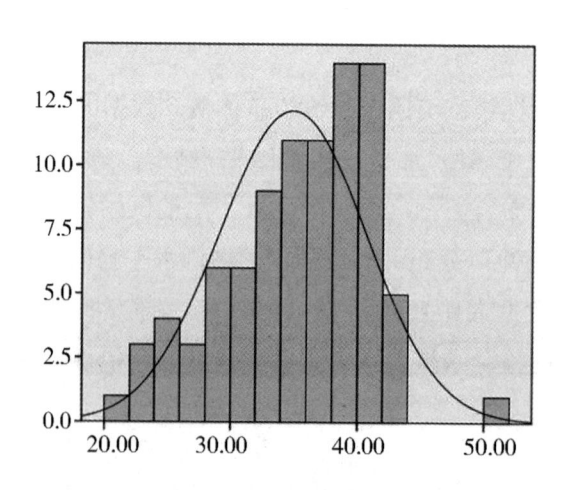

图 2　男性被试英语课堂愉悦整体概念数据正态分布直方图

(二) 男女被试英语课堂愉悦概念各维度数据正态分布检验结果

如表 10 所示，女性被试在三个课堂愉悦情绪维度的 Kolmogorov-Smirnov 检验均显著，这与女性样本量较大有一定的关系。从女性被试英语课愉悦各维度直方图（图3—图5）上来看，除了教师支持愉悦维度外，其他两个维度的数据均呈现出较为清晰的正态分布。因此，综合来看，女性被试在教师支持愉悦维度上的数据判定为不符合正态分布，在其他两个维度上的数据则判定为符合正态分布。

表 10 男女性被试英语课堂愉悦各维度数据正态分布统计检验结果

		Kolmogorov-Smirnov 检验			Shapiro-Wilk 检验		
		统计量	自由度	显著性	统计量	自由度	显著性
英语学习愉悦	女	0.11	108	0.004	0.98	108	0.096
	男	0.10	88	0.036	0.97	88	0.023
教师支持愉悦	女	0.16	108	0.000	0.93	108	0.000
	男	0.14	88	0.000	0.93	88	0.000
同伴支持愉悦	女	0.13	108	0.000	0.97	108	0.008
	男	0.13	88	0.001	0.97	88	0.018

女性被试英语课堂愉悦各维度数据分布图

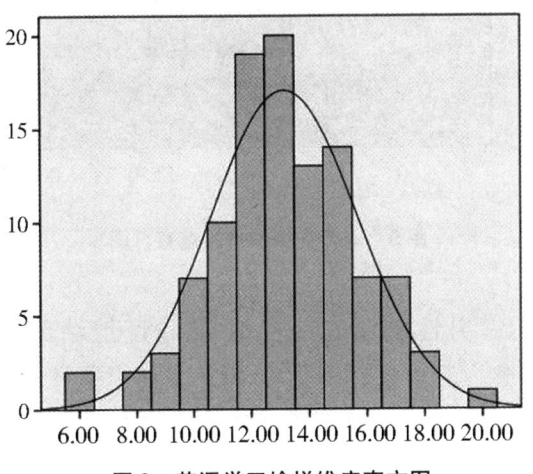

图3 英语学习愉悦维度直方图

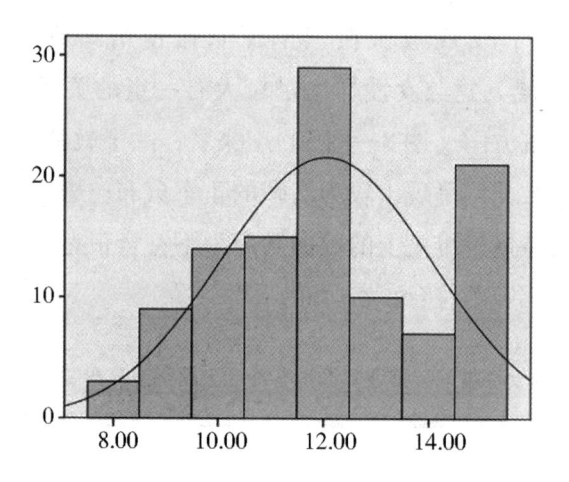

图 4 教师支持愉悦维度直方图

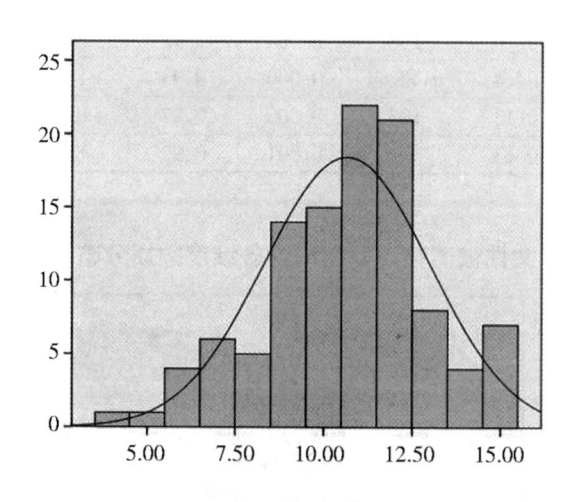

图 5 同伴支持愉悦维度直方图

如表 10 所示，男性被试在三个课堂愉悦情绪维度的 Kolmogorov-Smirnov 检验均显著。但是从男性被试英语课堂愉悦各维度正态分布直方图（图6—图8）上来看，男性被试在三个课堂愉悦维度上的数据基本上都符合正态分布。Kolmogorov-Smirnov 检验结果和直方图检验结果出现了一定的不一致。由于 Kolmogorov-Smirnov 检验比较容易受到样本量大小的影响，男性被试在三个课堂愉悦维度上的数据的分布情况应更多依据直方图来判断。因此，男性被试在三个课堂愉悦维度上的数据判定为符合正态分布。

男性被试英语课堂愉悦各维度数据正态分布直方图

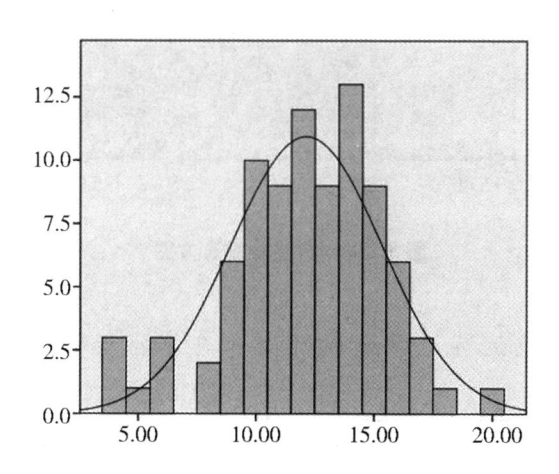

图 6　英语学习愉悦维度直方图

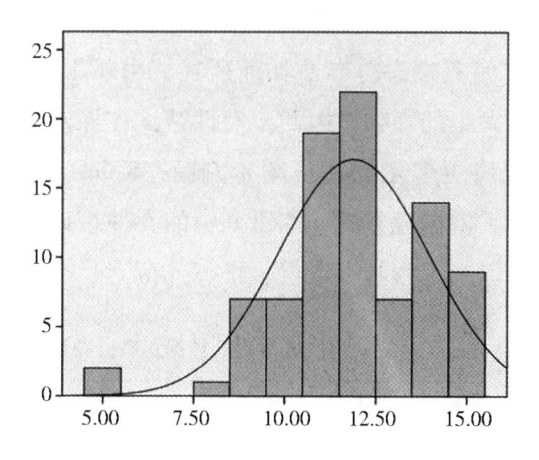

图 7　教师支持愉悦维度直方图

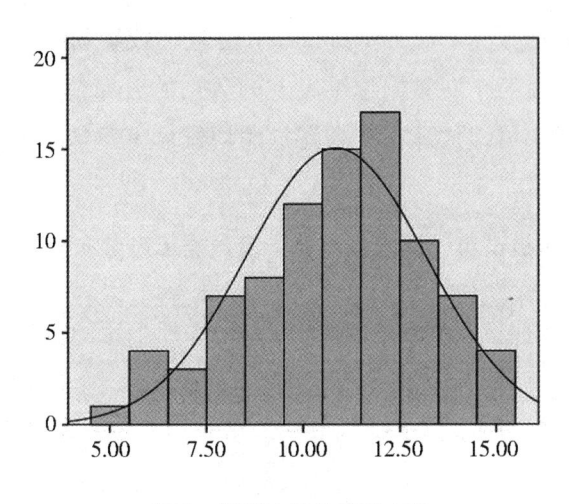

图 8　同伴支持愉悦直方图

（三）男女被试英语课堂愉悦概念具体指标数据正态分布检验结果

如表 11 所示，女性被试在课堂愉悦情绪具体指标上的 Kolmogorov-Smirnov 检验均显著（显著值小于 0.001），但从女性被试英语课堂愉悦具体指标数据正态分布直方图上来看，女性被试在每个课堂愉悦具体指标上的数据并没有严重偏离正态分布。如前所述，由于 Kolmogorov-Smirnov 检验容易受到样本量大小的影响。因此，女性被试在课堂愉悦情绪具体指标上的数据分布情况应更多依据直方图来判断，Kolmogorov-Smirnov 检验结果作为必要的参考。根据直方图，本研究中的女性被试在课堂愉悦情绪具体指标上的数据可以判定为基本上符合正态分布。

表 11　女性被试英语课堂愉悦具体指标数据正态分布统计检验结果

	Kolmogorov-Smirnov 检验			Shapiro-Wilk 检验		
	统计量	自由度	显著性	统计量	自由度	显著性
题项 4	0.24	108	0.000	0.88	108	0.000
题项 5	0.26	108	0.000	0.89	108	0.000

续表

	Kolmogorov-Smirnov 检验			Shapiro-Wilk 检验		
	统计量	自由度	显著性	统计量	自由度	显著性
题项 8	0.30	108	0.000	0.84	108	0.000
题项 12	0.22	108	0.000	0.88	108	0.000
题项 15	0.26	108	0.000	0.86	108	0.000
题项 16	0.24	108	0.000	0.80	108	0.000
题项 17	0.26	108	0.000	0.85	108	0.000
题项 19	0.22	108	0.000	0.90	108	0.000
题项 20	0.31	108	0.000	0.85	108	0.000
题项 21	0.30	108	0.000	0.85	108	0.000

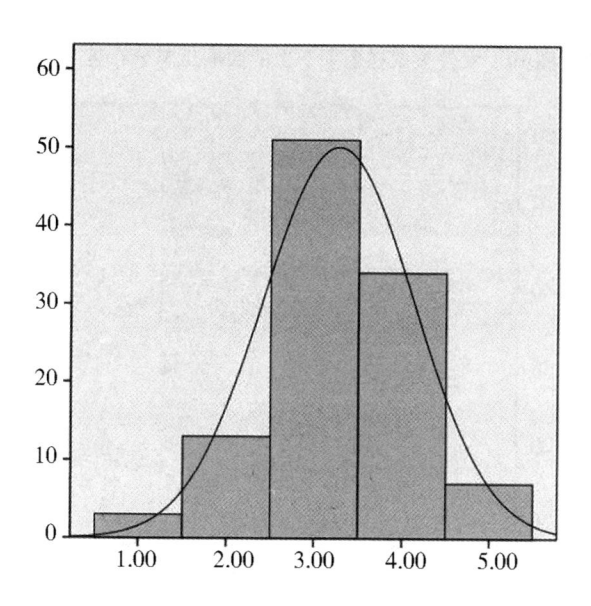

图 9　女性被试在题项 4 上的数据正态分布直方图

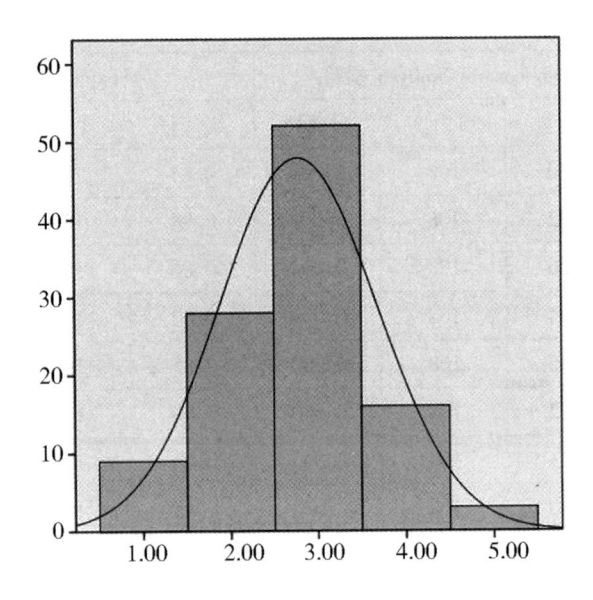

图 10　女性被试在题项 5 上的数据正态分布直方图

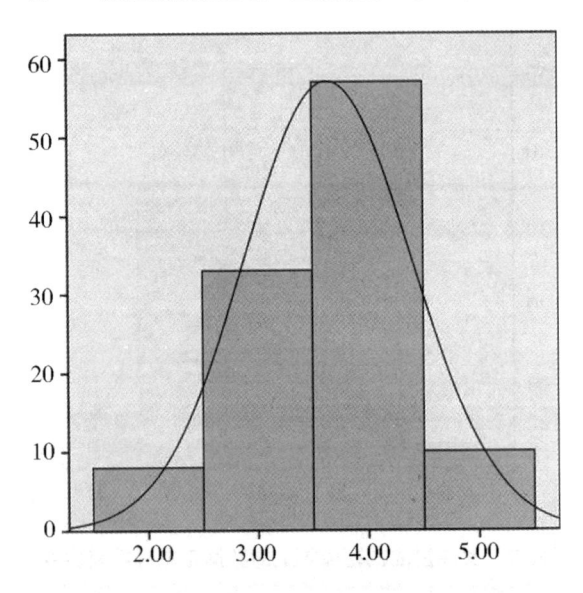

图 11　女性被试在题项 8 上的数据正态分布直方图

<<< 第二章 外语课堂愉悦情绪的性别和年龄差异研究

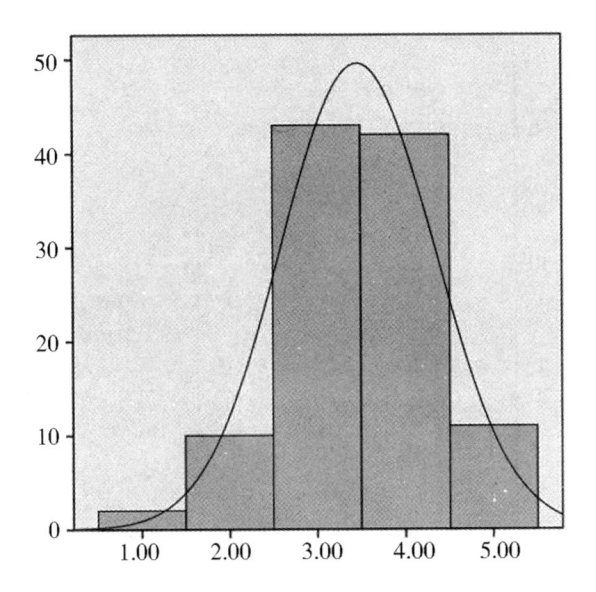

图 12 女性被试在题项 12 上的数据正态分布直方图

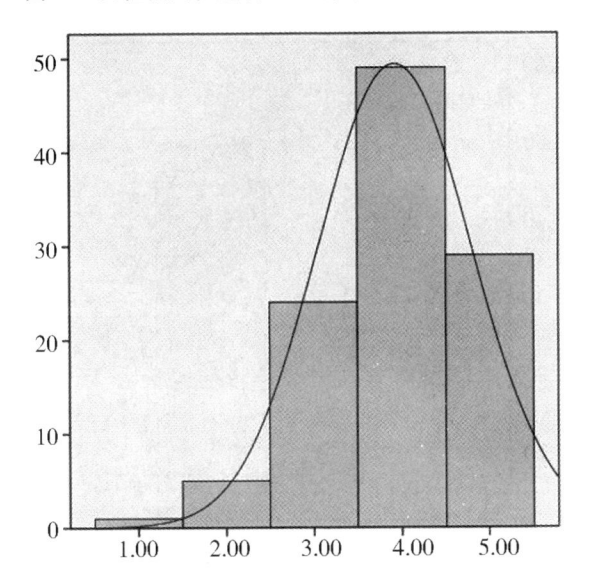

图 13 女性被试在题项 15 上的数据正态分布直方图

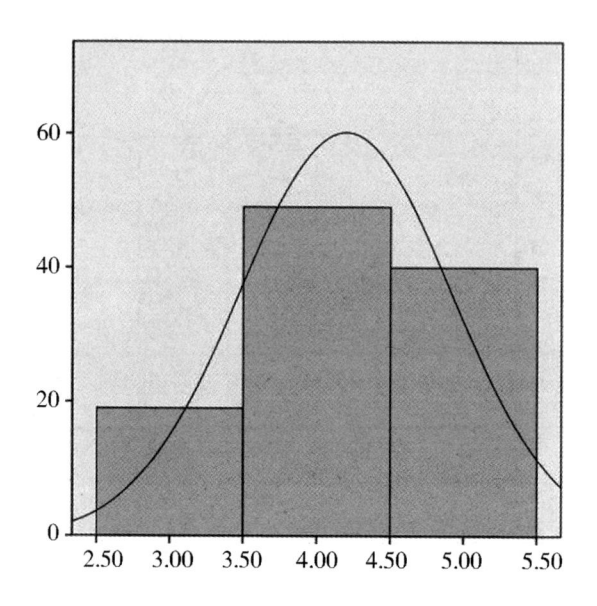

图 14 女性被试在题项 16 上的数据正态分布直方图

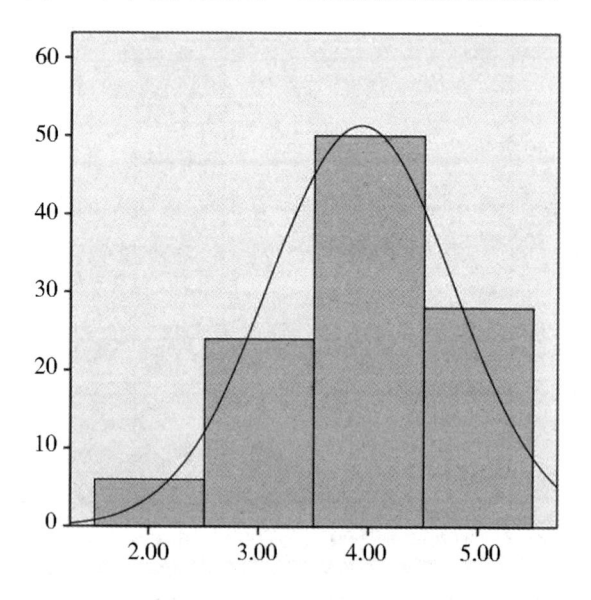

图 15 女性被试在题项 17 上的数据正态分布直方图

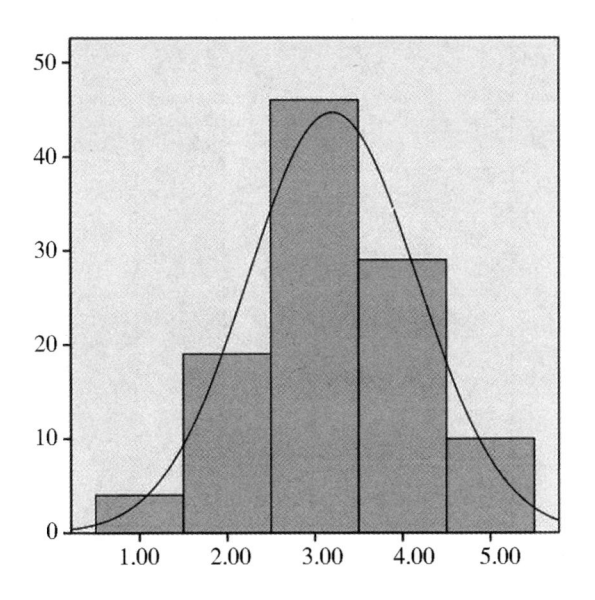

图 16 女性被试在题项 19 上的数据正态分布直方图

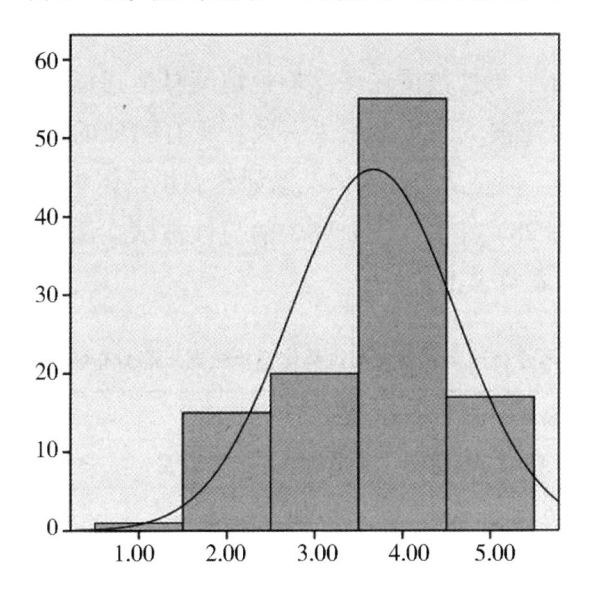

图 17 女性被试在题项 20 上的数据正态分布直方图

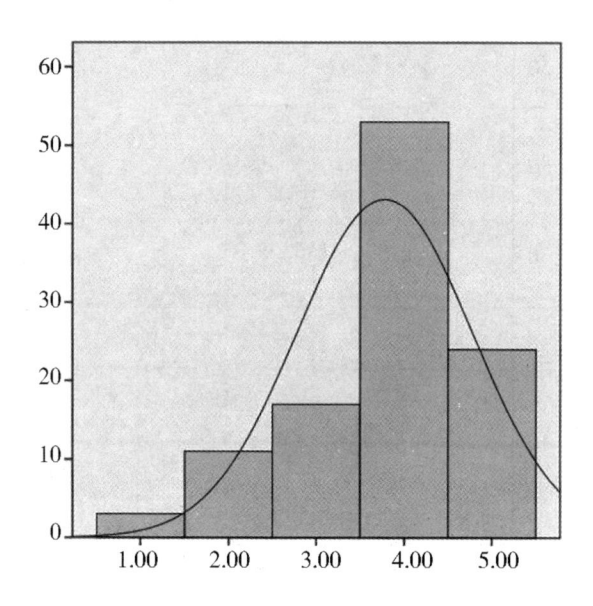

图 18　女性被试在题项 21 上的数据正态分布直方图

如表 12 所示，男性被试在课堂愉悦情绪具体指标上的数据的正态分布检验结果和女性被试的检验结果一致。所有题项的 Kolmogorov-Smirnov 检验结果均显著。但是从男性被试英语课堂愉悦具体指标数据正态分布直方图（图 19—图 28）来看，本研究中的男性被试在课堂愉悦情绪具体指标上的数据都基本符合正态分布。

表 12　男性被试英语课堂愉悦具体指标数据正态分布统计检验结果

	Kolmogorov-Smirnov 检验			Shapiro-Wilk 检验		
	统计量	自由度	显著性	统计量	自由度	显著性
题项 4	0.26	88	0.000	0.88	88	0.000
题项 5	0.23	88	0.000	0.89	88	0.000
题项 8	0.25	88	0.000	0.84	88	0.000
题项 12	0.19	88	0.000	0.91	88	0.000
题项 15	0.30	88	0.000	0.80	88	0.000

>>> 第二章 外语课堂愉悦情绪的性别和年龄差异研究

续表

	Kolmogorov-Smirnov 检验			Shapiro-Wilk 检验		
	显著性	统计量	自由度	显著性	统计量	自由度
题项 16	0.27	88	0.000	0.79	88	0.000
题项 17	0.26	88	0.000	0.87	88	0.000
题项 19	0.22	88	0.000	0.88	88	0.000
题项 20	0.24	88	0.000	0.89	88	0.000
题项 21	0.29	88	0.000	0.84	88	0.000

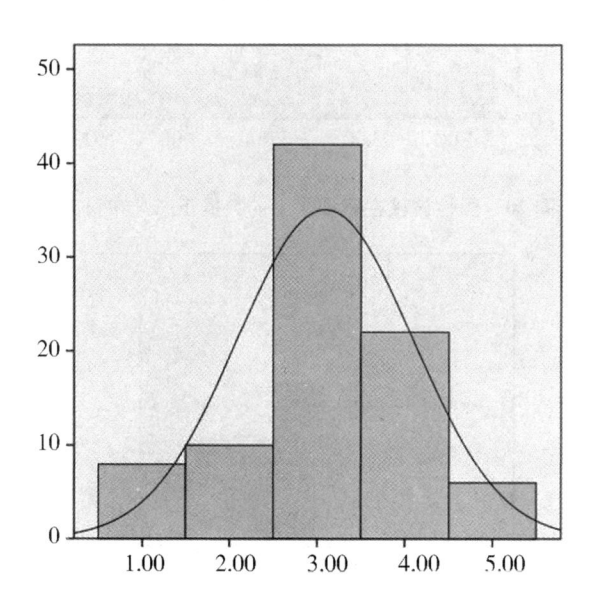

图 19 男性被试在题项 4 上的数据正态分布直方图

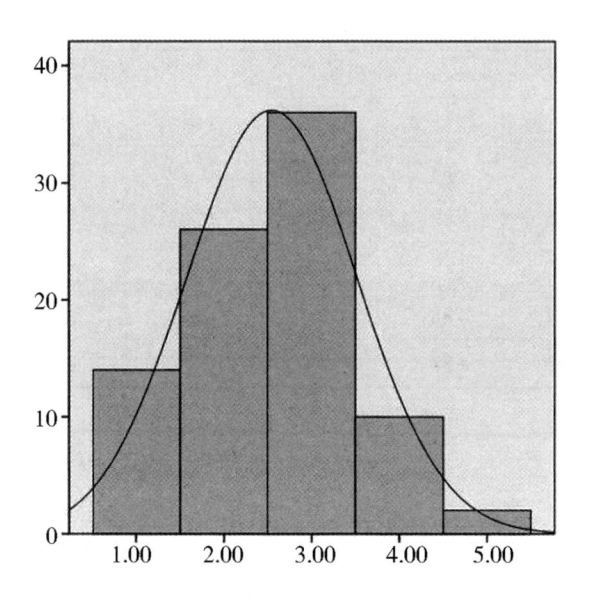

图 20 男性被试在题项 5 上的数据正态分布直方图

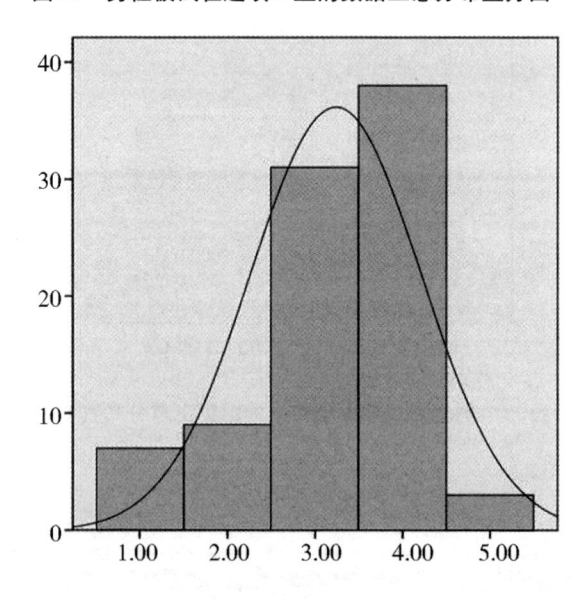

图 21 男性被试在题项 8 上的数据正态分布直方图

<<< 第二章 外语课堂愉悦情绪的性别和年龄差异研究

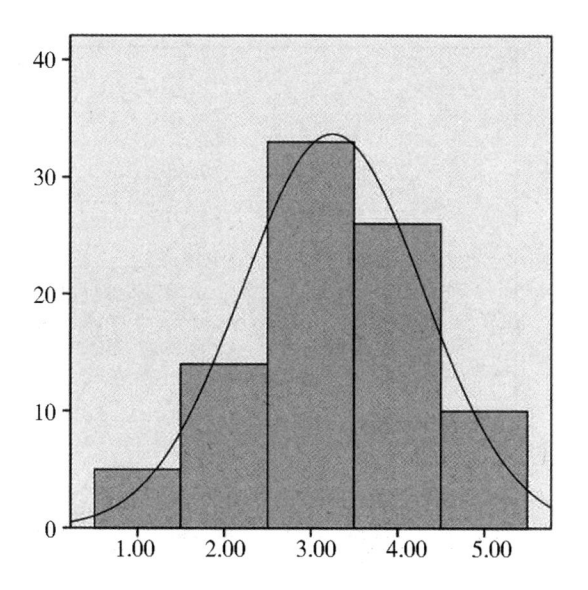

图 22 男性被试在题项 12 上的数据正态分布直方图

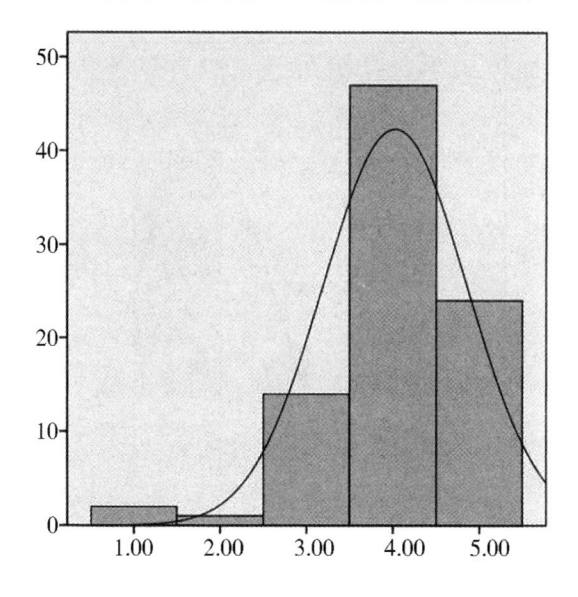

图 23 男性被试在题项 15 上的数据正态分布直方图

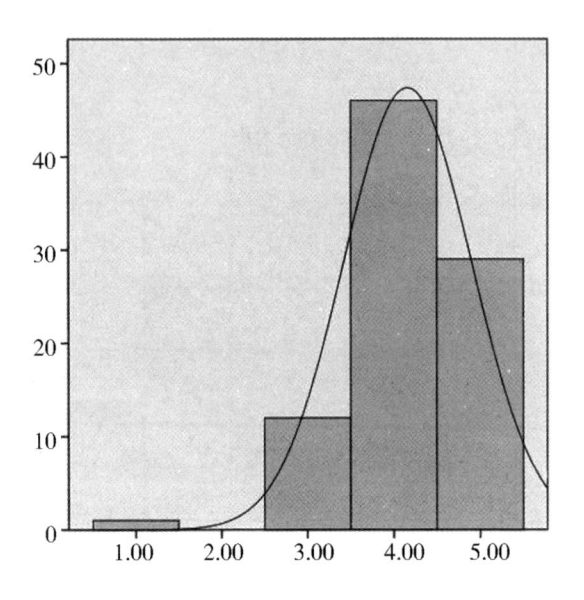

图 24 男性被试在题项 16 上的数据正态分布直方图

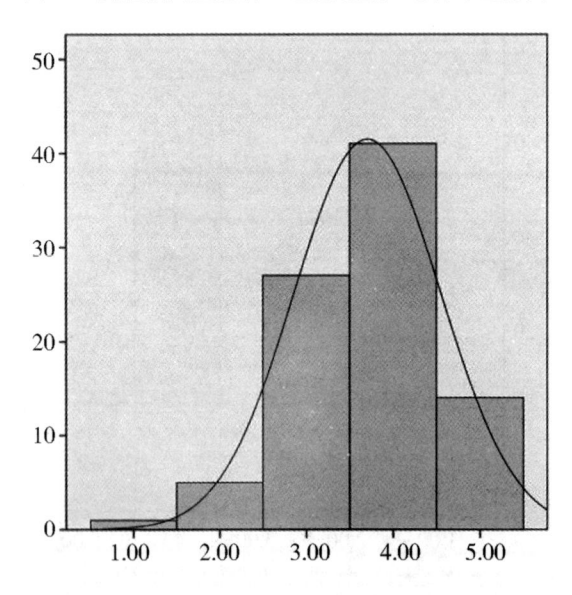

图 25 男性被试在题项 17 上的数据正态分布直方图

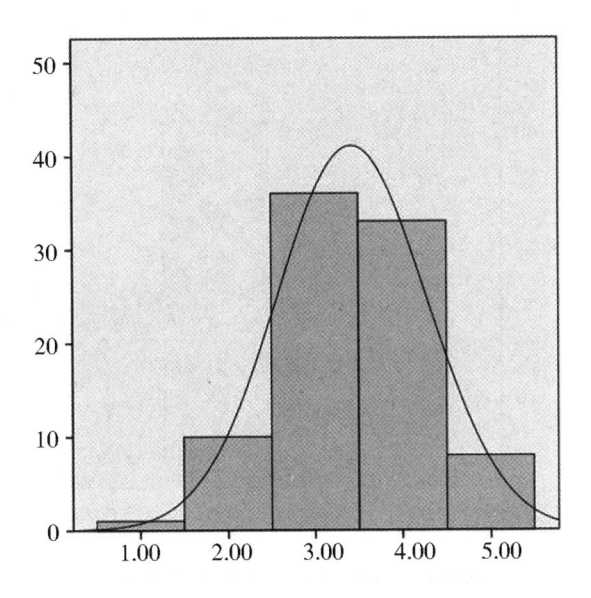

图 26　男性被试在题项 19 上的数据正态分布直方图

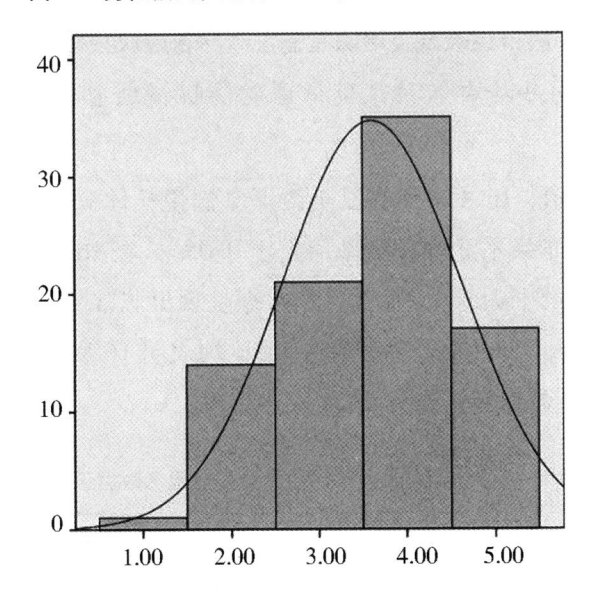

图 27　男性被试在题项 20 上的数据正态分布直方图

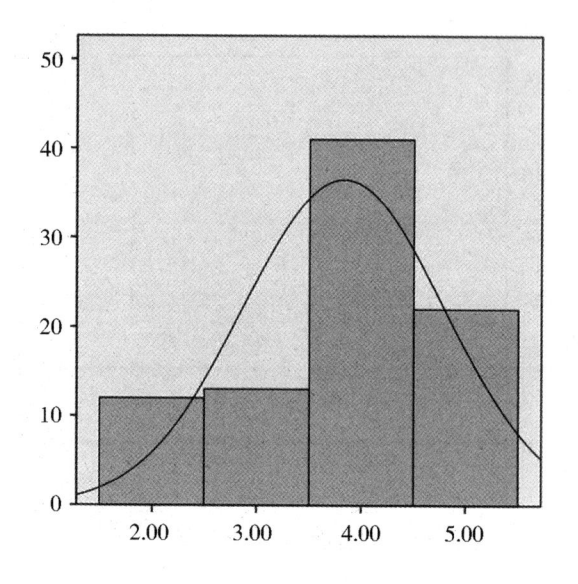

图 28　男性被试在题项 21 上的数据正态分布直方图

四、不同年龄群组被试英语课堂愉悦概念各层次数据正态分布检验结果

（一）不同年龄群组被试英语课堂愉悦情绪整体概念数据正态分布检验结果

如表 13 所示，16 岁群组被试英语课堂愉悦整体概念数据的 Kolmogorov-Smirnov 检验结果不显著（概率值大于 0.05）。在 16 岁群组直方图（图 29）中，16 岁群组被试课堂愉悦情绪数据呈现出非常明显的正态分布。直方图与 Kolmogorov-Smirnov 检验结果一致，均表明 16 岁群组被试的英语课堂愉悦整体概念数据呈正态分布。

表 13　16 岁和 17 岁群组被试英语课堂愉悦整体概念数据正态分布检验结果

	Kolmogorov-Smirnov 检验			Shapiro-Wilk 检验		
	统计量	自由度	显著性	统计量	自由度	显著性
16 岁群组	0.06	110	0.200	0.99	110	0.611
17 岁群组	0.14	71	0.002	0.95	71	0.007

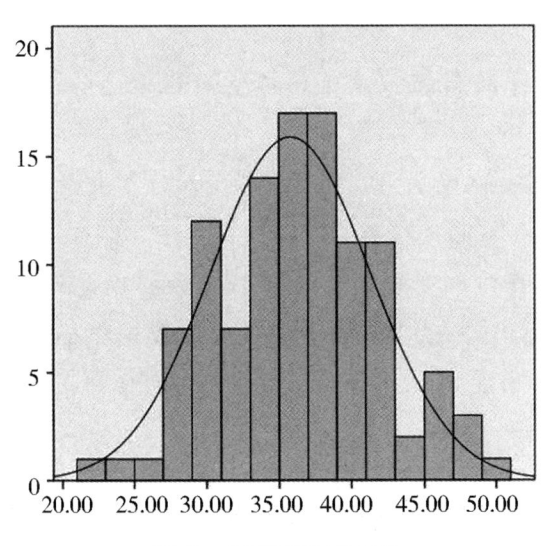

<<< 第二章 外语课堂愉悦情绪的性别和年龄差异研究

图29 16岁群组直方图

与之相反，17岁群组被试英语课堂愉悦整体概念数据的Kolmogorov-Smirnov检验结果不显著。但从17岁群组直方图（图30）上来看，该群组的数据并未严重偏离正态分布。考虑到Kolmogorov-Smirnov检验的属性，本研究中的17岁群组被试的英语课堂愉悦整体概念数据判定为符合正态分布。

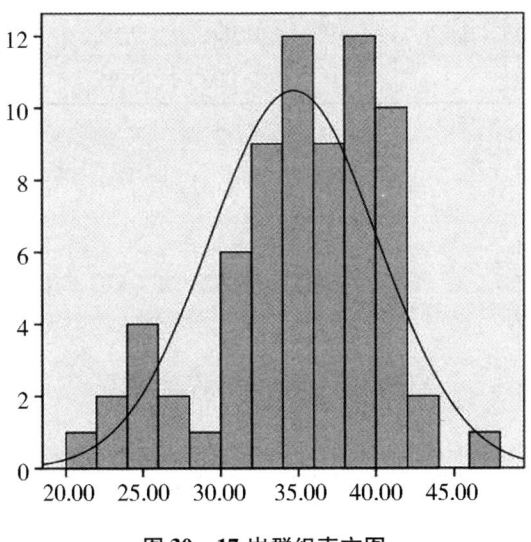

图30 17岁群组直方图

（二）不同年龄群组被试英语课堂愉悦概念各维度数据正态分布检验结果

如表 14 所示，16 岁和 17 岁群组被试在三个课堂愉悦情绪维度上的 Kolmogorov-Smirnov 检验均显著。但根据直方图（图 31—图 36）来看，两个年龄群组被试在三个课堂愉悦维度上的数据并未严重偏离正态分布。Kolmogorov-Smirnov 检验结果和直方图检验结果不完全一致。综合考虑之下，本研究中 16 岁和 17 岁群组被试在三个课堂愉悦情绪维度上的数据判定为符合正态分布。

表 14 16 岁和 17 岁群组被试英语课堂愉悦各维度数据正态分布统计检验结果

		Kolmogorov-Smirnov 检验			Shapiro-Wilk 检验		
		统计量	自由度	显著性	统计量	自由度	显著性
英语学习愉悦	16 岁群组	0.11	110	0.002	0.97	110	0.006
	17 岁群组	0.11	71	0.026	0.98	71	0.205
教师支持愉悦	16 岁群组	0.15	110	0.000	0.94	110	0.000
	17 岁群组	0.15	71	0.001	0.95	71	0.004
同伴支持愉悦	16 岁群组	0.12	110	0.001	0.97	110	0.007
	17 岁群组	0.17	71	0.000	0.96	71	0.012

<<< 第二章 外语课堂愉悦情绪的性别和年龄差异研究

16岁群组被试英语课堂愉悦各维度数据正态分布直方图

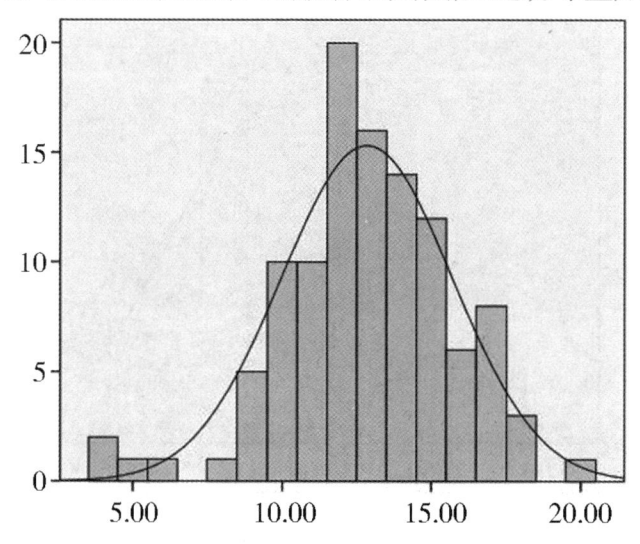

图31 英语学习愉悦维度直方图

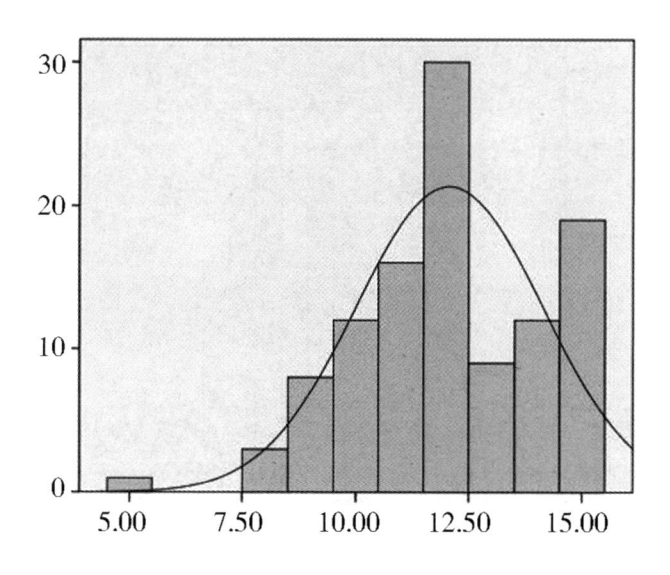

图32 教师支持愉悦维度直方图

图33 同伴支持愉悦维度直方图

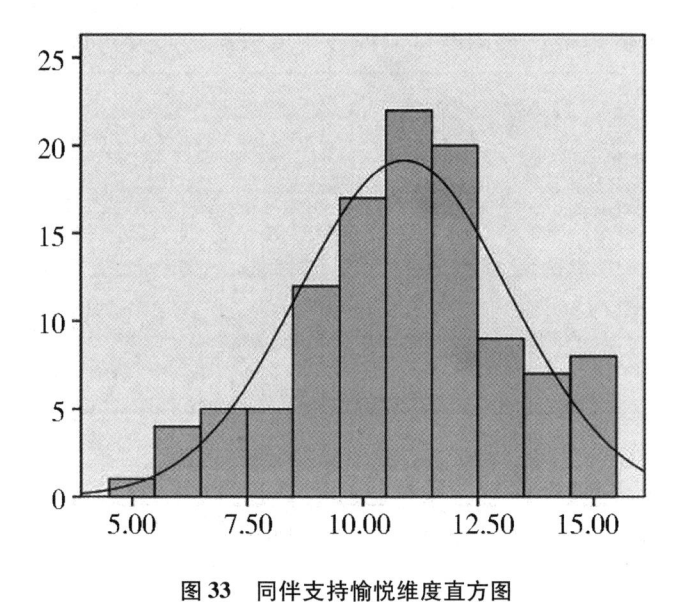

17岁群组被试英语课堂愉悦各维度数据正态分布直方图

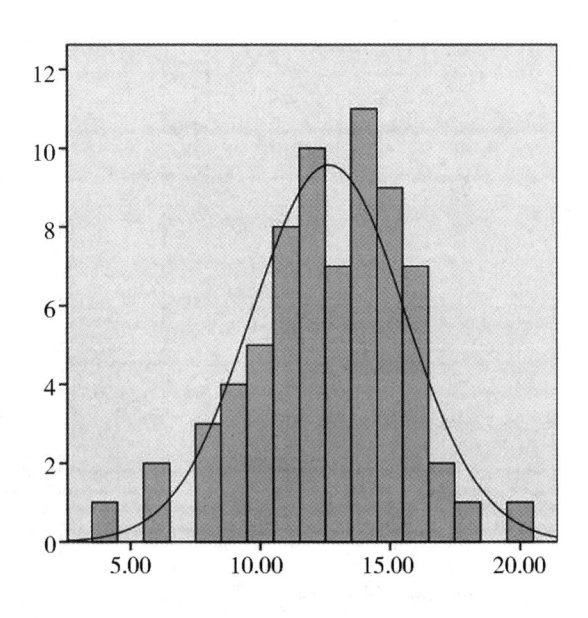

图34 英语学习愉悦维度直方图

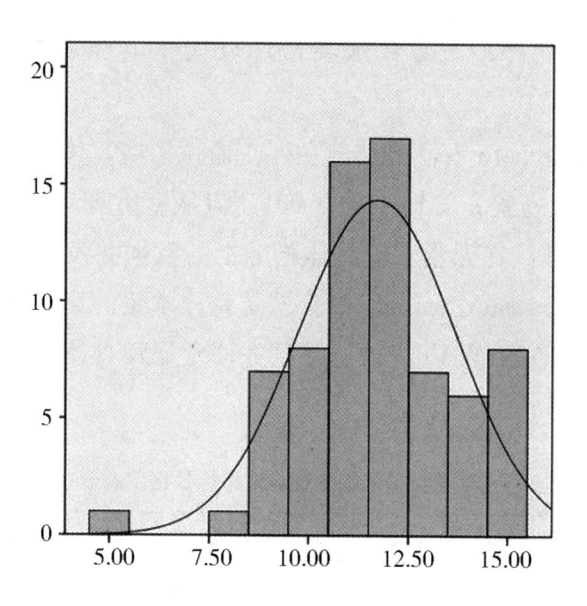

<<< 第二章 外语课堂愉悦情绪的性别和年龄差异研究

图35 教师支持愉悦维度直方图

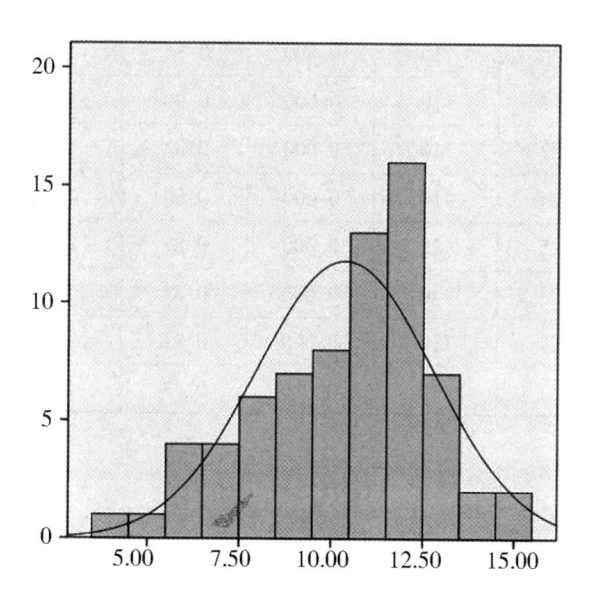

图36 同伴支持愉悦维度直方图

（三）不同年龄群组被试英语课堂愉悦具体指标数据正态分布检验结果

如表15所示，16岁群组被试在课堂愉悦情绪具体指标上的所有Kolmogorov-Smirnov检验 p 值均小于0.001。但从直方图（图37—图46）来看，16岁群组被试在课堂愉悦具体指标上的数据并没有严重违反正态分布。考虑到Kolmogorov-Smirnov检验易受到样本量的影响这一属性，综合考虑之下，本研究中的16岁群组被试在课堂愉悦具体指标上的数据判定为基本符合正态分布。

表15 16岁群组被试英语课堂愉悦具体指标数据正态分布统计检验结果

	Kolmogorov-Smirnov 检验			Shapiro-Wilk 检验		
	统计量	自由度	显著性	统计量	自由度	显著性
题项 4	0.25	110	0.000	0.88	110	0.000
题项 5	0.23	110	0.000	0.88	110	0.000
题项 8	0.28	110	0.000	0.84	110	0.000
题项 12	0.21	110	0.000	0.90	110	0.000
题项 15	0.27	110	0.000	0.82	110	0.000
题项 16	0.24	110	0.000	0.80	110	0.000
题项 17	0.25	110	0.000	0.87	110	0.000
题项 19	0.23	110	0.000	0.89	110	0.000
题项 20	0.27	110	0.000	0.87	110	0.000
题项 21	0.31	110	0.000	0.83	110	0.000

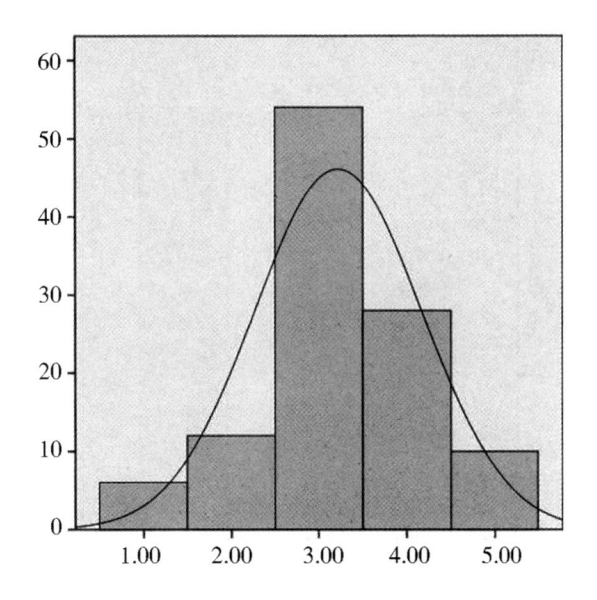

<<< 第二章 外语课堂愉悦情绪的性别和年龄差异研究

图37 16岁被试在题项4上的数据正态分布直方图

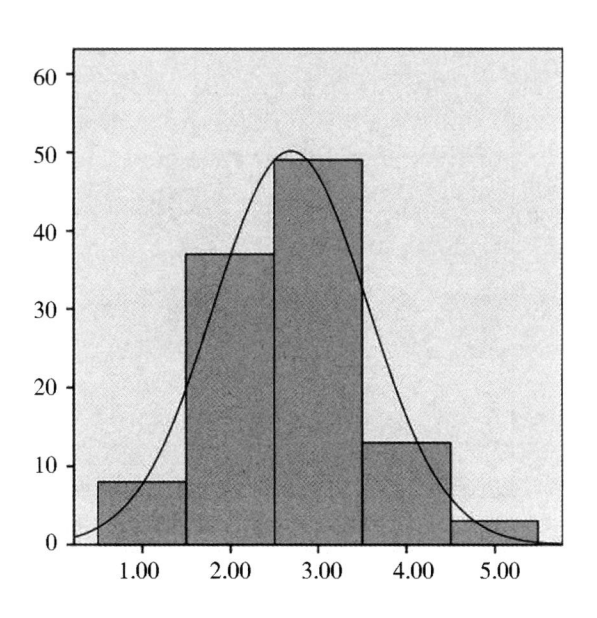

图38 16岁被试在题项5上的数据正态分布直方图

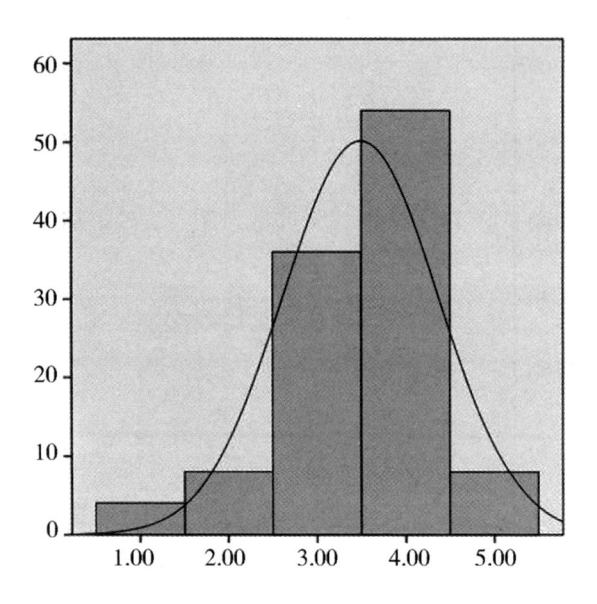

图 39　16 岁被试在题项 8 上的数据正态分布直方图

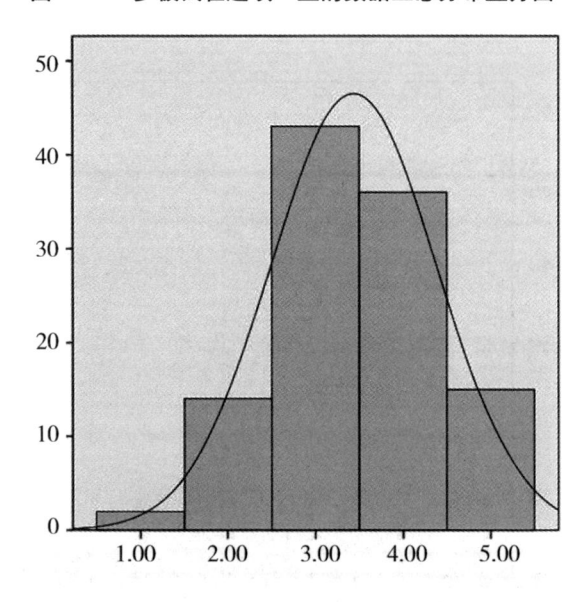

图 40　16 岁被试在题项 12 上的数据正态分布直方图

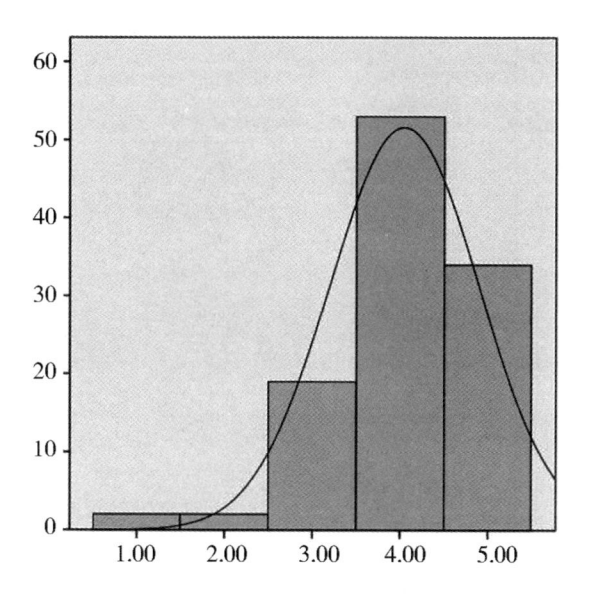

<<<　第二章　外语课堂愉悦情绪的性别和年龄差异研究

图 41　16 岁被试在题项 15 上的数据正态分布直方图

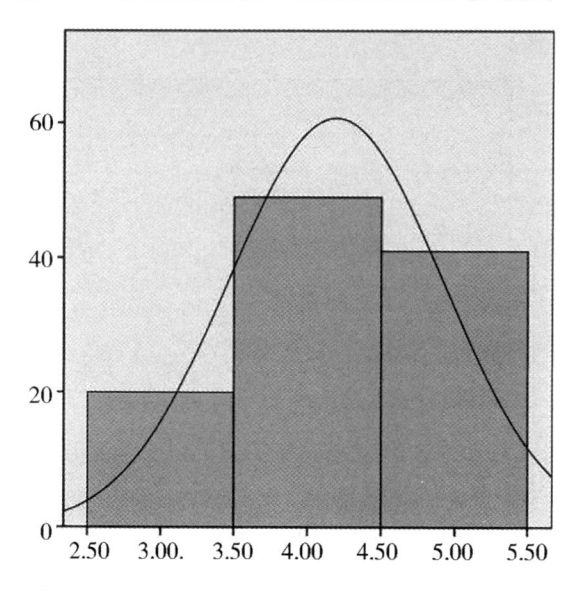

图 42　16 岁被试在题项 16 上的数据正态分布直方图

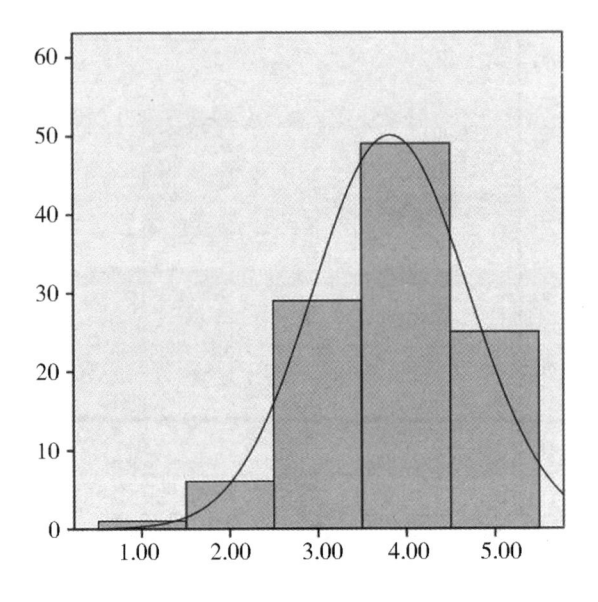

图43 16岁被试在题项17上的数据正态分布直方图

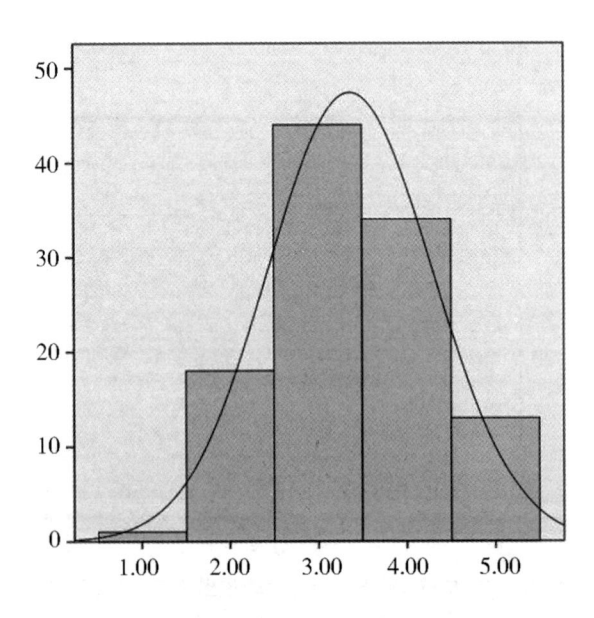

图44 16岁被试在题项19上的数据正态分布直方图

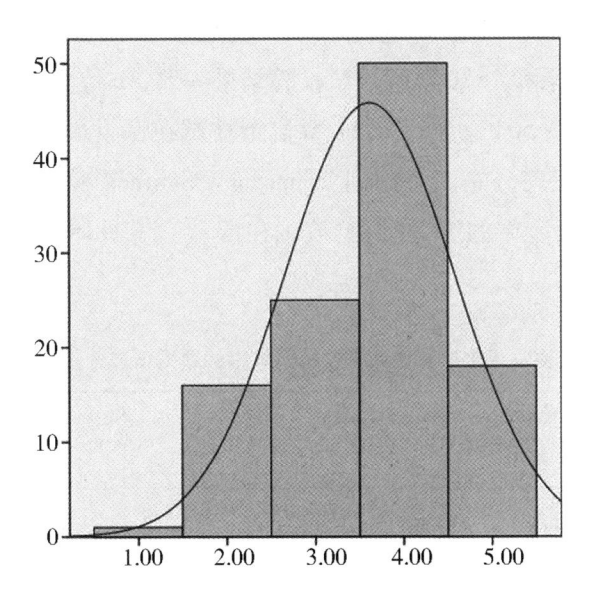

图 45　16 岁被试在题项 20 上的数据正态分布直方图

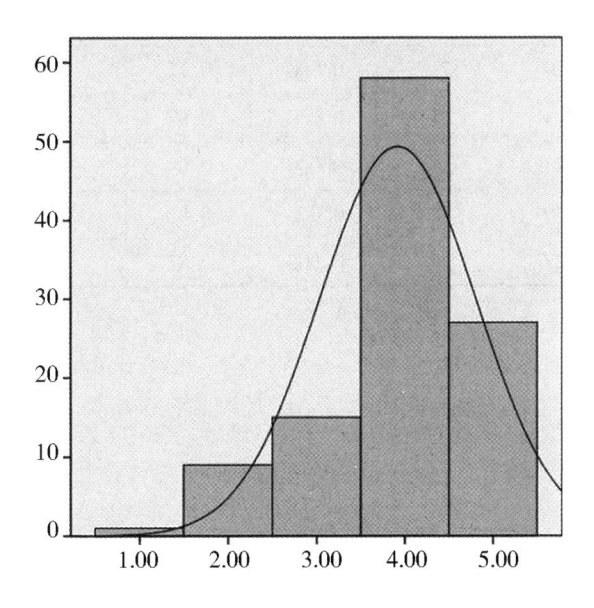

图 46　16 岁被试在题项 21 上的数据正态分布直方图

如表 16 所示,17 岁群组被试在课堂愉悦具体指标上的 Kolmogorov-Smirnov 检验结果和 16 岁群组被试检验结果一致,p 值均小于 0.001。从直方图(图 47—图 56)上来看,17 岁群组被试在课堂愉悦具体指标上的数据未严重违反正态分布。考虑到 Kolmogorov-Smirnov 检验的属性以及综合其他因素,本研究中的 17 岁群组被试在课堂愉悦具体指标上的数据判定为符合正态分布。

表 16 17 岁群组被试英语课堂愉悦具体指标数据正态分布统计检验结果

	Kolmogorov-Smirnov 检验			Shapiro-Wilk 检验		
	统计量	自由度	显著性	统计量	自由度	显著性
题项 4	0.25	71	0.000	0.87	71	0.000
题项 5	0.28	71	0.000	0.87	71	0.000
题项 8	0.29	71	0.000	0.84	71	0.000
题项 12	0.21	71	0.000	0.89	71	0.000
题项 15	0.29	71	0.000	0.84	71	0.000
题项 16	0.29	71	0.000	0.77	71	0.000
题项 17	0.24	71	0.000	0.87	71	0.000
题项 19	0.23	71	0.000	0.89	71	0.000
题项 20	0.30	71	0.000	0.86	71	0.000
题项 21	0.27	71	0.000	0.87	71	0.000

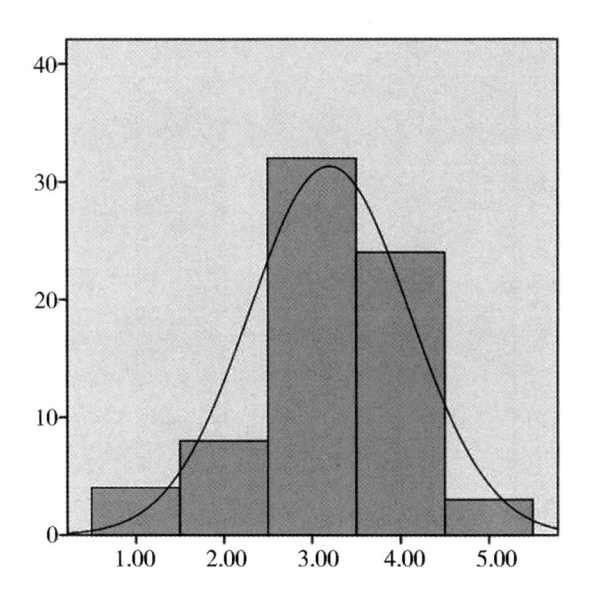

<<< 第二章 外语课堂愉悦情绪的性别和年龄差异研究

图 47 17 岁被试在题项 4 上的数据正态分布直方图

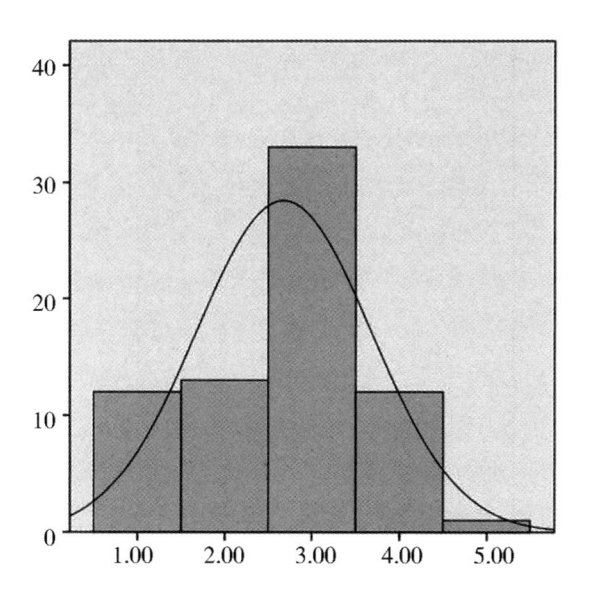

图 48 17 岁被试在题项 5 上的数据正态分布直方图

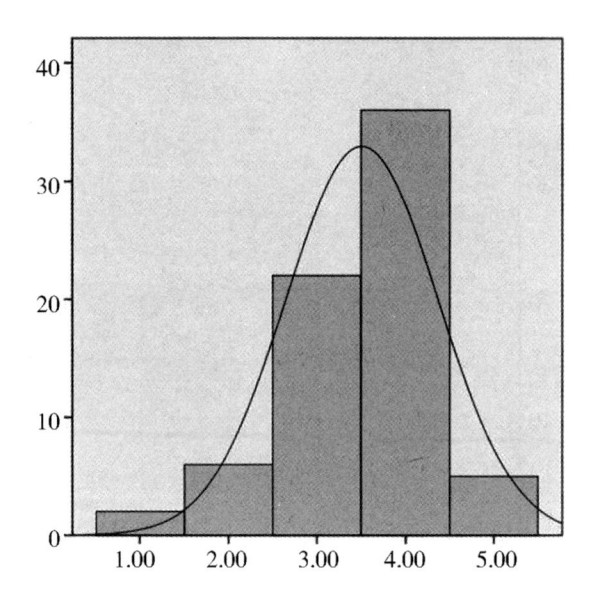

图49 17岁被试在题项8上的数据正态分布直方图

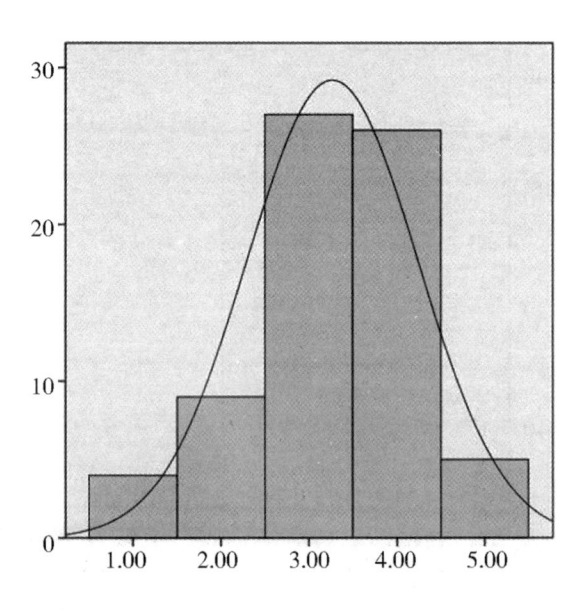

图50 17岁被试在题项12上的数据正态分布直方图

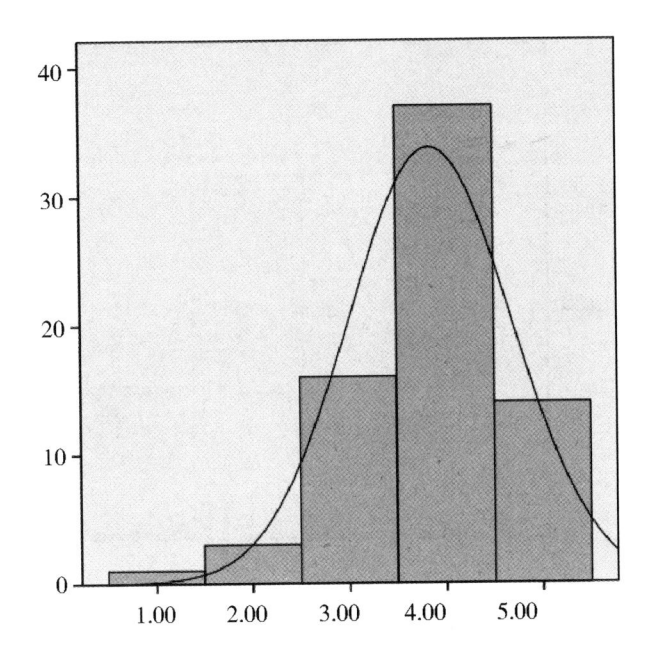

图 51 17 岁被试在题项 15 上的数据正态分布直方图

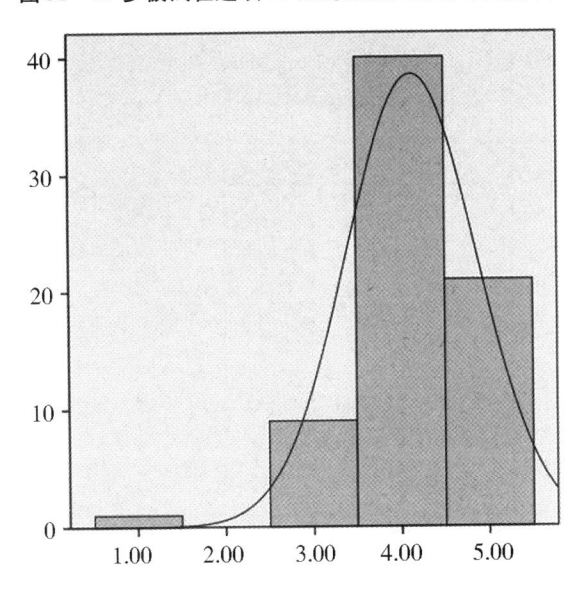

图 52 17 岁被试在题项 16 上的数据正态分布直方图

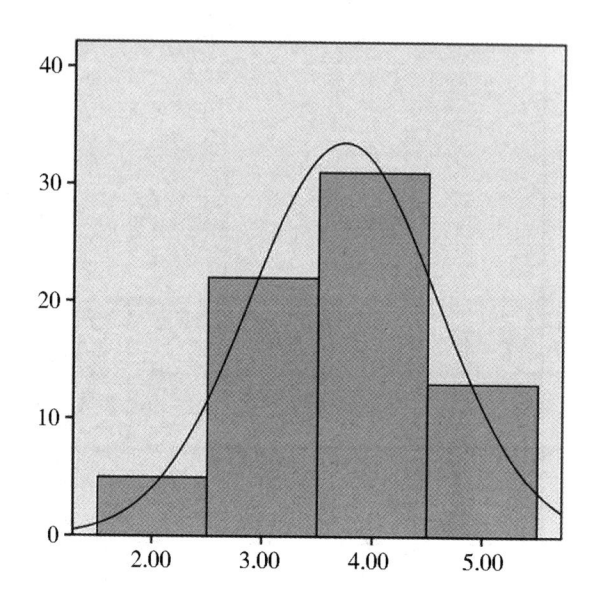

图53 17岁被试在题项17上的数据正态分布直方图

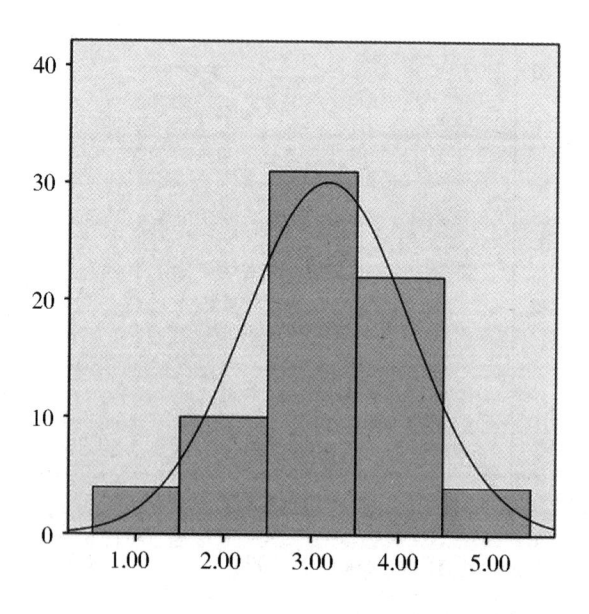

图54 17岁被试在题项19上的数据正态分布直方图

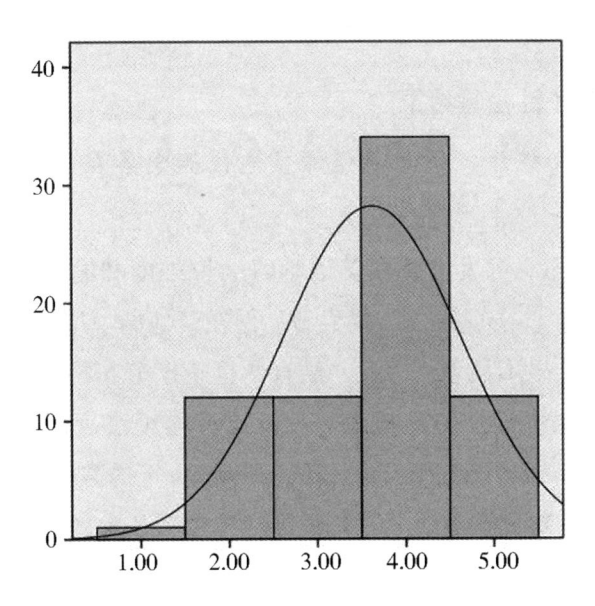

<<< 第二章 外语课堂愉悦情绪的性别和年龄差异研究

图55 17岁被试在题项20上的数据正态分布直方图

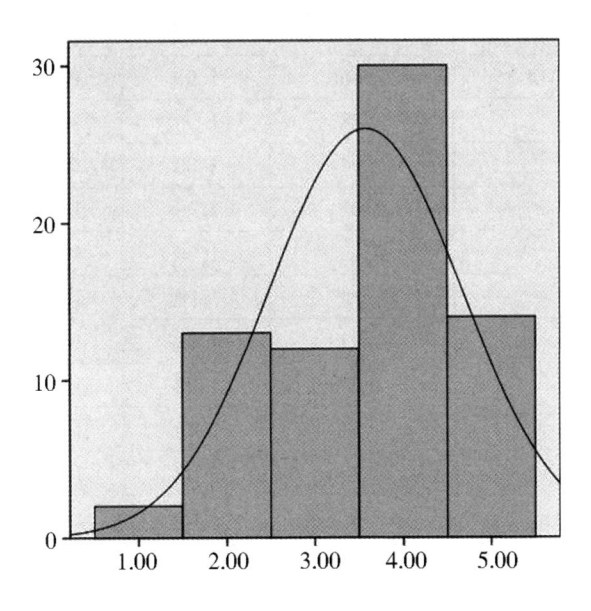

图56 17岁被试在题项21上的数据正态分布直方图

105

五、方差齐性检验结果

（一）男女被试之间在英语课堂愉悦概念各层次上的数据方差齐性检验结果

如表 17 所示，男女被试在英语学习愉悦维度和愉悦量表题项 8 上的数据的方差齐性 Levene 检验结果显著。但在其他愉悦层面上，男女被试的方差齐性检验结果不显著。因此，结合数据正态分布检验结果，在比较男女之间在英语课堂愉悦整体概念、教师支持愉悦维度、同伴支持愉悦维度、题项 4、5、12、15、16、17、19、20 和 21 上的数据时采用独立样本 t 检验统计方式；对比在英语学习愉悦维度和题项 8 上的数据时采用非参数 Mann-Whitney U 检验统计方式。

表 17　男女被试在英语课堂愉悦概念各层次上的数据方差齐性检验结果

	Levene 统计量	自由度 1	自由度 2	显著性
英语课堂愉悦整体概念	2.46	1.00	194.00	0.118
英语学习愉悦	4.48	1.00	194.00	0.036
教师支持愉悦	0.04	1.00	194.00	0.848
同伴支持愉悦	0.02	1.00	194.00	0.884
题项 4	0.12	1.00	194.00	0.731
题项 5	2.15	1.00	194.00	0.144
题项 8	4.23	1.00	194.00	0.041
题项 12	2.06	1.00	194.00	0.153
题项 15	1.62	1.00	194.00	0.205
题项 16	0.46	1.00	194.00	0.500
题项 17	0.67	1.00	194.00	0.414
题项 19	0.25	1.00	194.00	0.615
题项 20	1.58	1.00	194.00	0.211
题项 21	0.04	1.00	194.00	0.848

（二）16 岁和 17 岁群组被试在英语课堂愉悦概念各层次上的数据方差齐性检验结果

如表 18 所示，16 岁和 17 岁群组被试在愉悦量表题项 21 上的数据方差齐性 Levene 检验结果显著，但其他检验结果均不显著。因此，综合数据正态分布检验结果，在比较两个年龄组被试在英语课堂愉悦整体概念、英语学习愉悦维度、教师支持愉悦维度、同伴支持愉悦维度、题项 4、5、8、12、15、16、17、19 和 20 上的数据时采用独立样本 t 检验；对比题项 21 上的数据时采用非参数 Mann-Whitney U 检验。

表 18　16 和 17 岁群组被试之间在英语课堂愉悦概念各层次上的数据方差齐性检验结果

	Levene 统计量	自由度 1	自由度 2	显著性
英语课堂愉悦整体概念	0.18	1.00	179.00	0.671
英语学习愉悦	0.38	1.00	179.00	0.540
教师支持愉悦	0.10	1.00	179.00	0.748
同伴支持愉悦	0.69	1.00	179.00	0.407
题项 4	0.09	1.00	179.00	0.769
题项 5	1.64	1.00	179.00	0.202
题项 8	0.02	1.00	179.00	0.902
题项 12	0.04	1.00	179.00	0.853
题项 15	0.09	1.00	179.00	0.766
题项 16	1.61	1.00	179.00	0.206
题项 17	0.02	1.00	179.00	0.889
题项 19	0.52	1.00	179.00	0.472
题项 20	0.15	1.00	179.00	0.700
题项 21	10.30	1.00	179.00	0.002

六、男女被试愉悦情绪比较结果

(一) 男女被试在英语课堂愉悦整体概念上的数据比较结果

如表19所示,男性和女性被试在英语课堂愉悦情绪整体概念上的数据独立样本t检验结果不显著($p=0.21$),说明两个被试群组在英语课堂愉悦整体概念层面上无显著差异。

表19 男女被试英语课堂愉悦整体概念数据独立样本t检验结果

	Levene 方差检验		均值的t检验					差分的95%置信区间	
	F值	显著性	t值	自由度	显著性(双侧)	均值差值	标准误差值	下限	上限
假设方差相等	2.46	0.118	1.26	194.00	0.210	0.98	0.78	-0.56	2.52
假设方差不相等	—	—	1.24	175.34	0.216	0.98	0.79	-0.58	2.54

(二) 男女被试在英语课堂愉悦各维度上的数据比较结果

如表20所示,男性和女性被试在英语课堂愉悦情绪"英语学习愉悦"维度的得分差异Mann-Whitney U检验p值小于0.05,说明两个被试群组在"英语学习愉悦"维度上的差异显著。具体来说,女性被试比男性被试更加享受英语学习(男性英语学习愉悦维度数据中位数为12.00;女性英语学习愉悦维度数据中位数为13.00)。

表20 男女被试在英语学习愉悦维度上的数据 Mann-Whitney U 检验结果

	英语学习愉悦维度
Mann-Whitney U	3923.00
Wilcoxon W	7839.00
Z	-2.11
渐近显著性（双侧）	0.035

如表21所示，男性和女性被试在英语课堂愉悦情绪"教师支持愉悦"维度和"同伴支持愉悦"维度上的独立样本t检验结果分别为0.58和0.54。因此，虽然女性被试比男性被试在教师支持维度上均值更高，男性被试比女性被试在同伴支持维度上均值更高，但这些差异均未达到显著性水平。

表21 男女被试在两社会支持愉悦维度上的数据独立样本t检验结果

		Levene方差检验		均值的t检验					差分的95%置信区间	
		F值	显著性	t值	自由度	显著性（双侧）	均值差值	标准误差值	下限	上限
教师支持愉悦维度	假设方差相等	0.04	0.848	0.55	194.00	0.583	0.16	0.29	-0.41	0.73
	假设方差不相等	—	—	0.55	183.94	0.584	0.16	0.29	-0.41	0.73
同伴支持愉悦维度	假设方差相等	0.02	0.884	-0.61	194.00	0.543	-0.20	0.34	-0.87	0.46
	假设方差不相等	—	—	-0.61	186.26	0.543	-0.20	0.34	-0.87	0.46

（三）男女被试在英语课堂愉悦具体指标上的数据比较结果

如表22所示，男性和女性被试在英语课堂愉悦情绪量表题项8（"我在英语课上学到了有趣的东西"）上的比较结果显著（$p < 0.05$）。女性被试在题项8上的得分的中位数为4，男性为3。因此，女性被试比男性被试更加享受英语学习。

表22 男女被试在题项8上的数据 Mann-Whitney U 检验结果

	题项8
Mann-Whitney U	3745.50
Wilcoxon W	7661.50
Z	-2.76
渐近显著性（双侧）	0.006

如表23所示，男性和女性被试在英语课堂愉悦情绪量表题项4、5、12、15、16、17、19、20和21上的独立样本t检验 p 值分别为0.18、0.08、0.12、0.43、0.74、0.07、0.10、0.65和0.71。在题项5和17上的结果趋向于显著，但是在其他题项上的结果则偏离显著性临界值。

表23 男女被试在其他英语课堂愉悦具体指标上的数据独立样本t检验结果

		Levene方差检验		均值的t检验					差分的95%置信区间	
		F值	显著性	t值	自由度	显著性（双侧）	均值差值	标准误差值	下限	上限
题项4	假设方差相等	0.12	0.731	1.34	194.00	0.183	0.18	0.13	-0.08	0.44
	假设方差不相等	—	—	1.32	172.40	0.190	0.18	0.14	-0.09	0.44

续表

		Levene 方差检验		均值的 t 检验						
		F 值	显著性	t 值	自由度	显著性（双侧）	均值差值	标准误差值	差分的95%置信区间	
									下限	上限
题项5	假设方差相等	2.15	0.144	1.74	194.00	0.084	0.23	0.13	-0.03	0.50
	假设方差不相等	—	—	1.72	179.91	0.087	0.23	0.13	-0.03	0.50
题项12	假设方差相等	2.06	0.153	1.56	194.00	0.120	0.21	0.14	-0.06	0.48
	假设方差不相等	—	—	1.53	169.34	0.128	0.21	0.14	-0.06	0.49
题项15	假设方差相等	1.62	0.205	-0.79	194.00	0.431	-0.10	0.12	-0.34	0.14
	假设方差不相等	—	—	-0.79	189.35	0.428	-0.10	0.12	-0.34	0.14
题项16	假设方差相等	0.46	0.500	0.34	194.00	0.735	0.04	0.10	-0.17	0.24
	假设方差不相等	—	—	0.34	183.46	0.736	0.04	0.10	-0.17	0.24
题项17	假设方差相等	0.67	0.414	1.83	194.00	0.069	0.22	0.12	-0.02	0.46
	假设方差不相等	—	—	1.83	185.48	0.069	0.22	0.12	-0.02	0.46
题项19	假设方差相等	0.25	0.615	-1.65	194.00	0.101	-0.22	0.13	-0.48	0.04
	假设方差不相等	—	—	-1.67	192.63	0.097	-0.22	0.13	-0.47	0.04

续表

		Levene 方差检验		均值的 t 检验						
		F 值	显著性	t 值	自由度	显著性（双侧）	均值差值	标准误差值	差分的 95%置信区间	
									下限	上限
题项20	假设方差相等	1.58	0.211	0.46	194.00	0.645	0.06	0.14	−0.21	0.34
	假设方差不相等	—	—	0.46	179.74	0.648	0.06	0.14	−0.21	0.34
题项21	假设方差相等	0.04	0.848	−0.37	194.00	0.714	−0.05	0.14	−0.33	0.23
	假设方差不相等	—	—	−0.37	188.63	0.713	−0.05	0.14	−0.33	0.23

七、16 岁和 17 岁群组被试愉悦情绪比较结果

（一）16 岁和 17 岁被试在英语课堂愉悦整体概念上的数据比较结果

表24 呈现16岁和17岁群组被试在英语课堂愉悦整体概念上的独立样本t检验比较结果。如下表所示（假设方差相等行），独立样本t检验p值大于显著性临界值0.05，意味着检验结果不显著，说明两个年龄组被试在英语课堂愉悦整体概念层面上无显著差异。

表24 16岁和17岁群组被试在英语课堂愉悦整体概念上的数据独立样本t检验结果

	Levene 方差检验		均值的 t 检验						
	F值	显著性	t值	自由度	显著性（双侧）	均值差值	标准误差值	差分的95%置信区间	
								下限	上限
假设方差相等	0.18	0.671	1.30	179.00	0.196	1.08	0.83	−0.56	2.73
假设方差不相等	—	—	1.30	151.76	0.194	1.08	0.83	−0.56	2.72

（二）16岁和17岁被试在英语课堂愉悦各维度上的数据比较结果

表25呈现16岁和17岁群组被试在英语课堂愉悦概念三个维度上的差异的独立样本t检验结果。如下表所示（假设方差相等行），16岁和17岁被试在每个维度上的独立样本t检验 p 值均大于显著性临界值0.05（表中 p 值最低为0.14），检验结果不显著，说明16岁和17岁年龄组被试在英语学习愉悦、教师支持愉悦和同伴支持愉悦三个维度上无显著差异。

表25 16岁和17岁被试在英语课堂愉悦维度上的数据独立样本t检验结果

		Levene 方差检验		均值的 t 检验						
		F值	显著性	t值	自由度	显著性（双侧）	均值差值	标准误差值	差分的95%置信区间	
									下限	上限
英语学习愉悦	假设方差相等	0.38	0.540	0.43	179.00	0.670	0.19	0.44	−0.68	1.06
	假设方差不相等	—	—	0.42	146.10	0.672	0.19	0.44	−0.69	1.07

续表

		Levene 方差检验		均值的 t 检验						
		F 值	显著性	t 值	自由度	显著性（双侧）	均值差值	标准误差值	差分的 95% 置信区间	
									下限	上限
教师支持愉悦	假设方差相等	0.10	0.748	1.17	179.00	0.245	0.36	0.31	−0.25	0.97
	假设方差不相等	—	—	1.18	153.87	0.241	0.36	0.31	−0.24	0.96
同伴支持愉悦	假设方差相等	0.69	0.407	1.50	179.00	0.135	0.53	0.36	−0.17	1.24
	假设方差不相等	—	—	1.49	144.27	0.140	0.53	0.36	−0.18	1.24

（三）16 岁和 17 岁被试在英语课堂愉悦具体指标上的数据比较结果

如表 26 所示，16 岁和 17 岁被试在题项 21 上的 Mann-Whitney U 检验 p 值为 0.04，小于显著性临界值 0.05，说明这两组被试在题项 21 上的分值存在显著差异。结合描述性分析结果，本研究表明年龄较小的群组更享受英语学习。

表 26　16 岁和 17 岁被试在题项 21 上的数据 Mann-Whitney U 检验结果

	题项 21
Mann-Whitney U	3253.50
Wilcoxon W	5809.50
Z	−2.03
渐近显著性（双侧）	0.042

如表 27 所示，16 岁和 17 岁被试在除题项 21 外的愉悦量表题项上的分值差异独立样本 t 检验结果 p 值最小为 0.12，大于显著性临界值 0.05。也就是说两组被试在题项 4、5、8、12、15、16、17、19 和 20 上的分值无显著差异。

表 27 16 岁和 17 岁被试在除题项 21 外的愉悦量表题项上的数据独立样本 t 检验结果

独立样本检验			Levene 方差检验		均值的 t 检验					
		F 值	显著性	t 值	自由度	显著性（双侧）	均值差值	标准误差值	差分的 95% 置信区间	
									下限	上限
题项 4	假设方差相等	0.09	0.769	0.15	179.00	0.883	0.02	0.14	−0.26	0.30
	假设方差不相等	—	—	0.15	155.01	0.881	0.02	0.14	−0.26	0.30
题项 5	假设方差相等	1.64	0.202	0.11	179.00	0.916	0.01	0.14	−0.26	0.29
	假设方差不相等	—	—	0.10	135.46	0.918	0.01	0.14	−0.27	0.30
题项 8	假设方差相等	0.02	0.902	−0.12	179.00	0.903	−0.02	0.13	−0.28	0.24
	假设方差不相等	—	—	−0.12	151.44	0.903	−0.02	0.13	−0.28	0.24
题项 12	假设方差相等	0.04	0.853	1.16	179.00	0.247	0.17	0.15	−0.12	0.46
	假设方差不相等	—	—	1.16	146.48	0.250	0.17	0.15	−0.12	0.46

续表

独立样本检验											
		Levene 方差检验		均值的 t 检验						差分的 95% 置信区间	
		F 值	显著性	t 值	自由度	显著性（双侧）	均值差值	标准误差值	下限	上限
题项 15	假设方差相等	0.09	0.766	1.56	179.00	0.121	0.20	0.13	-0.05	0.45
	假设方差不相等	—	—	1.56	150.92	0.121	0.20	0.13	-0.05	0.45
题项 16	假设方差相等	1.61	0.206	0.58	179.00	0.563	0.06	0.11	-0.15	0.28
	假设方差不相等	—	—	0.58	147.69	0.565	0.06	0.11	-0.16	0.28
题项 17	假设方差相等	0.02	0.889	0.72	179.00	0.472	0.09	0.13	-0.16	0.35
	假设方差不相等	—	—	0.73	153.51	0.468	0.09	0.13	-0.16	0.35
题项 19	假设方差相等	0.52	0.472	1.37	179.00	0.172	0.19	0.14	-0.09	0.47
	假设方差不相等	—	—	1.37	147.78	0.174	0.19	0.14	-0.09	0.48
题项 20	假设方差相等	0.15	0.700	-0.01	179.00	0.992	0.00	0.15	-0.29	0.29
	假设方差不相等	—	—	-0.01	144.25	0.992	0.00	0.15	-0.30	0.30

<<< 第二章 外语课堂愉悦情绪的性别和年龄差异研究

第五节 讨论

本研究深入调查了男性和女性/不同年龄阶段的学习者是否在外语课堂愉悦整体概念、外语课堂愉悦概念各维度、外语课堂愉悦情绪具体表征层面上存在显著差异。196个中国高中一年级学生参与了调查研究。描述性分析显示本研究中的男女被试/不同年龄群组被试有较强的外语课堂愉悦情绪。另外，独立样本t检验/Mann-Whitney U检验结果显示男女被试在"英语学习愉悦"维度和英语课堂愉悦情绪量表题项8上存在显著差异。女性被试比男性被试更享受英语学习。女性被试感觉在课堂上学到了更多东西。研究结果与Dewaele、MacIntyre、Boudreau和Dewaele（2016）的研究结果一致，也从另外一个角度说明女性被试比男性被试更善于表达情绪（Jin & Zhang, 2019）。另外，16岁和17岁群组被试在英语课堂愉悦情绪量表题项21上存在显著差异。由于16岁被试在该题项上的得分高于17岁被试，因此本研究表明学习者年龄越小越能感受到同学之间愉悦的氛围。

本研究仍存在一些不足，主要体现在被试仅仅选自一所学校以及样本量相对较小。尽管如此，本研究仍然有重要的学术价值和应用价值。如研究背景中所述，二语习得领域的情绪研究主要围绕着焦虑展开，对积极情绪的研究相对较少，然而积极情绪研究却对学习者的精神健康以及其学业成绩的提升有重要意义［关于积极情绪的作用详见Fredrickson（2004）的拓展—构建理论］。本研究有助于唤起研究者以及外语教师关注学习者的积极情绪。不仅如此，对比男女/不同年龄层次的高中生的英语课堂愉悦情绪还可以帮助教师有的放矢地展开教学工作。例如，本研究中发现相较于女性被试，男性被试从英语学习中获得的愉悦情绪相对较少。那么，在实际的教学过程中，教师应该采取相应的措施进一步提高男性学生的课堂愉悦情绪，包括将男性学生更多地纳入课堂活动中抑或给予更多的情感支持。

第三章

外语课堂焦虑和愉悦情绪的关系及对外语成绩的影响

本研究调查了外语课堂焦虑和愉悦情绪的关系并比较了这两个情绪变量对外语成绩的影响。为此，研究者对196名中国高一年级学生进行了问卷调查，并收集了他/她们的期末英语成绩。一系列相关分析显示外语课堂焦虑和愉悦概念不同层面之间的关联程度不高。回归分析结果表明外语课堂愉悦整体概念、外语学习愉悦维度和两个外语课堂愉悦情绪具体指标显著正向预测外语成绩，而课堂焦虑与成绩之间的关系不显著。文章最后对研究发现以及它们对外语教学的启示进行了讨论。

第一节 研究背景

外语学习效率和外语熟练水平受一系列认知、情绪、个性、情境、社会文化变量的影响（Gardner & MacIntyre，1992）。在诸多情绪变量中，外语焦虑尤其受到研究者的关注。外语焦虑概念最初由Horwitz、Horwitz和Cope（1986）提出，指的是外语学习过程中形成的自我概念、信念、情感和行为的独特复杂体。外语焦虑属于特定情境焦虑范畴，与特质焦虑和状态焦虑既相关又有较大区别，可分为一般外语焦虑和与具体技能相关的外语焦虑，比如外语听力、口语焦虑。

Ellis（2008）指出外语焦虑研究领域有两个重要课题：一是外语焦虑的来源；二是外语焦虑对外语学习的影响。针对外语焦虑的来源，研究者曾尝试从学习者性格角度进行探讨。比如，MacIntyre 和 Charos（1996）采用路径分析方式调查了五大性格特质对外语焦虑水平的影响。结果表明，在所有五种性格特质中，仅外向性性格特质显著预测外语焦虑水平（路径系数：-0.53）。Dewaele（2013）也发现外向性性格特质与外语焦虑显著负相关。Gargalianou、Muehlfeld、Urbig 和 Witteloostuijn（2016）采用 Lee 和 Ashton（2004）的 HEXACO 性格模型扩大了性格变量的调查范围。他们的研究不仅进一步揭示了学习者性格与外语焦虑水平的紧密关系，而且还发现个性干扰性别变量对外语焦虑水平的影响。此外，研究者还实证检验了较低层次的性格变量与外语焦虑的关系。Dewaele（2002）发现精神质性格特征是外语口语焦虑的负预测变量（回归系数 -0.35）。Jin、de Bot 和 Keijzer（2015）在英语和日语学习环境下比较了自信和竞争性倾向对外语课堂焦虑水平的影响。结果显示，自信和竞争性倾向分别是外语课堂焦虑水平的正、负预测变量。较之竞争性倾向，自信程度对外语焦虑水平的影响更大。

学生之间外语焦虑水平的差异除了源于学习者性格的不同，还可能与他/她们所处的课堂环境有关。课堂环境是一个多维度的概念（Trickett & Moos，2002），其主体构成为教师和学生。相应的，课堂环境所蕴含的最重要的两层社会关系为师生之间和学生之间的关系。Piechurska-kuciel（2011）和 Huang、Eslami 和 Hu（2010）的研究显示，学生得到的教师/同伴支持越多，其焦虑水平就越低。简言之，积极的课堂环境对缓解学生的焦虑水平有重要意义，而创造积极的课堂环境需要教师和学生的共同参与，在此过程中教师应发挥主导作用。

教学方法/模式的转换亦可引发学生焦虑情绪的正向或逆向波动。Koch 和 Terrell（1991）调查了使用自然教学法后学生焦虑水平的变化。结果显示，40% 的学生（总数 92 人）变得更焦虑，34% 的学生的焦虑程度有所缓解，26%的学生的焦虑水平没有变化。近年来，翻转课堂越来越受国内外语教师的青睐。与传统课堂相比，翻转课堂强调教师由"知识传授者、课堂管理者"向"学习指导者、促进者"以及学生从"被动接受者"到"主动研究者"的转变（高照、李京南，2016）。另外，传统课堂和翻转课堂在教学形式和内容、评价方式等方面也存在较大差异。为了研究这些转变是否会对学生的焦虑情绪产生显著影响，高照、李京南（2016）对522名学生进行了问卷调查，在研究中发现学生在翻转课堂上的焦虑水平明显高于传统课堂。如上所示，外语焦虑既与较稳定的变量（如性格）又与相对易变的变量（如课堂环境变量）相关。此外，新的教学方法/模式的采用也会触发学生的焦虑反应。教学方法/模式的选择除了与教学内容和教学大纲要求相匹配之外，还与授课教师的教育背景、对语言学习本质的认识等方面有关。因此，教学方法/模式与外语焦虑水平的关联也反映了较深层次的教师变量（如教师的个性、信念、成长经历）对学生焦虑水平的间接影响。

外语焦虑对外语学习的影响相关研究可大致分为两类（MacIntyre & Gardner，1994）。一类研究着重探索了外语焦虑对外语熟练水平/成绩的影响。大量研究表明外语焦虑是外语熟练水平/成绩的负相关或负预测变量（Aida，1994；秦昊，2006）。另一类研究则主要调查了外语焦虑对较细微的外语学习方面的影响。例如，Sellers（2000）发现学生的外语阅读焦虑越强，其所能忆起的文本信息就越少。阅读过程中的认知活动大体分为与阅读任务有关的活动和与任务无关的活动。那么，较之略放松的学生，焦虑程度高的学生将有更多的认知资源消耗在与任务无关的活动上（如担心读不懂的后果、担心其他同学比自己读得透彻），这使得应用于文本本身的认知资源变得相对有限（Eysensck，1979）。一言蔽之，Sellers（2000）的研究结果反映了外语焦虑对于学习相关的认知活动的干扰。Jeong、Sugiura、Suzuki、Sassa、Hashizume和Kawashima（2016）采用功能性磁共振成像技术手段调查了口语焦虑与大脑活动的关系。结果显示，口语焦虑与大脑左侧岛以及眼窝前额皮质的活跃度显著负相关。在交际过程中，左侧岛和眼窝前额皮质分别起到预测对话者反应以及监控自己言语的作用。以此推断：口语焦虑唤起使言者更难以预判对话者的反应，从而进一步影响其提前计划自己的语言输出。另外，由于监控的缺失，高焦虑言者的语言准确性、语用适当性更易出现瑕疵。这些都会导致此类人群面临更多会话失败的风险，并成为对口语交流失去兴趣的诱因。

过去30年间，外语焦虑研究取得了丰硕的成果。正是基于大量研究，我们才能对外语焦虑类型的多样性及特定焦虑的多侧面性有更深刻的理解，才能对外语焦虑的负面效应以及外语焦虑成因的复杂性形成较为统一的认识。尽管如此，外语焦虑领域仍有很多争论亟待澄清，同时全新的研究问题层出不穷。在2014年发表的一项研究中，Dewaele和MacIntyre提出了外语课堂愉悦这一概念，并研制了相应的测量工具。那么，外语课堂焦虑和这一新概念关系如何，他们对外语成绩的影响孰强孰弱。这些问题还未在中国学生的外语学习环境进行深入调查。

第二节　研究问题

本研究拟回答如下六个问题：

1）外语课堂焦虑和外语课堂愉悦整体概念之间是否存在较强的相关性？

2）外语课堂焦虑和外语课堂愉悦的维度之间是否存在较强的相关性？

3）外语课堂焦虑和外语课堂愉悦的具体指标之间是否存在较强的相关性？

4）外语课堂焦虑和外语课堂愉悦整体概念之间，孰对外语成绩的影响更大？

5）外语课堂焦虑和外语课堂愉悦的维度之间，孰对外语成绩的影响更大?

6) 外语课堂焦虑和外语课堂愉悦的具体指标之间,孰对外语成绩的影响更大?

第三节 方法论

一、被试

被试由196个来自同一所学校的高一年级学生组成,其中男生88人,女生108人,平均年龄约16岁。另外,这些学生的英语学习时限长短不等:最短约4年,最长约11年,平均约为7.6年(其他被试人口学信息详见第一章)。

二、研究工具

(一)外语课堂焦虑情绪量表

中文版《外语课堂焦虑情绪量表》在Horwitz、Horwitz和Cope(1986)的英文版《外语课堂焦虑情绪量表》的基础上改编而来。原量表包含33个题项,现量表包含11个题项,采用李克特5级量表形式。该11个题项量表具体编制过程和心理属性参见本书第一章"研究工具"部分。

(二)外语课堂愉悦情绪量表

外语课堂愉悦情绪原量表由Dewaele和MacIntyre(2014)研制,包含21个正向陈述题项,采用李克特5级量表形式:1=非常不同意;2=不同意;3=既不同意也不反对;4=同意;5=非常同意。量表分值范围为21~105,得分越高说明学生越享受外语课堂学习。本研究使用的《外语课堂愉悦情绪量表》在 Dewaewle 和 MacIntyre（2014）的量表基础上采用回译法改编而来，并经过了探索性和验证性因子分析检验。改编后的量表的心理属性详见第二章"研究工具"部分。

（三）外语成绩测试题

本研究使用期末英语成绩作为衡量被试外语水平的指标。英语测试题分为四大部分，包括听对话或独白回答问题（共30分）、阅读理解（共40分）、完形填空（共45分）、写作（单词拼写、单句改错、书面表达，共35分）。本研究使用被试的英语成绩亦征得被试的同意。

三、数据收集过程

本研究的数据收集过程参见"外语课堂焦虑情绪的性别和年龄差异研究"一章。需要注意的是本研究在问卷调查结束后还收集了被试的英语期末考试成绩。

四、数据分析

数据分析依据如下步骤展开。首先，对被试的外语成绩数据进行描述性分析。其次，对外语课堂焦虑和外语课堂愉悦概念数据、外语课堂焦虑/外语课堂愉悦概念数据和外语成绩进行方差齐性检验。再次，对外语课堂焦虑和外语课堂愉悦之间的关系、外语课堂焦虑/外语课堂愉悦与外语成绩的关系进行调查。最后，采用回归分析统计手段调查外语课堂焦虑和外语课堂愉悦情绪对外语成绩的影响。

第四节 结果

一、外语成绩描述性分析结果

外语课堂焦虑和愉悦概念各层次数据描述性分析结果见本书第一章和第二章。本部分仅仅汇报本研究中的196个被试的外语成绩的描述性分析结果。如表1所示，本研究被试的外语成绩总的来说不理想。按照总分的60%作为及格线来衡量（150分*60%=90分），这些学生的外语成绩平均分未达到及格水平。

表1 外语成绩描述性分析结果

变量	最低	分最高	均值（标准偏差）
外语成绩	17.00	133.50	68.71（25.32）

二、方差齐性检验结果

（一）外语课堂焦虑和外语课堂愉悦整体概念数据方差齐性检验结果

如表2所示，外语课堂焦虑和外语课堂愉悦整体概念数据方差齐性检验p值为0.001，小于显著性临界值0.05，方差齐性检验结果显著，说明两种情绪的数据的方差显著不同。因此，在考查外语课堂焦虑和外语课堂愉悦情绪的关系时应采用斯皮尔曼等级相关分析。

表2 外语课堂焦虑和外语课堂愉悦整体概念数据方差齐性检验结果

Levene 统计量	自由度1	自由度2	显著性
10.69	1	390	0.001

(二) 外语课堂焦虑和外语课堂愉悦各个维度数据方差齐性检验结果

如表3所示,外语课堂焦虑维度一"他人面前表现不佳恐惧"和外语课堂愉悦概念三个维度即外语学习愉悦、教师支持愉悦和同伴支持愉悦数据的方差齐性检验 p 值均小于0.001,方差齐性检验结果显著,说明外语课堂焦虑维度一"他人面前表现不佳恐惧"和外语课堂愉悦概念三个维度数据的方差显著不同。因此,在考查外语课堂焦虑维度一和外语课堂愉悦概念三维度的关系时应采用斯皮尔曼等级相关分析。

表3 外语课堂焦虑维度一和外语课堂愉悦三维度数据方差齐性检验结果

Levene 统计量	自由度1	自由度2	显著性
36.43	1	390	0.000
97.88	1	390	0.000
68.83	1	390	0.000

如表4所示,外语课堂焦虑维度二"外语课堂恐惧"和外语课堂愉悦概念三个维度即外语学习愉悦、教师支持愉悦和同伴支持愉悦数据的方差齐性检验结果也均显著(p 值小于0.005)。这说明外语课堂焦虑维度二"外语课堂恐惧"和外语课堂愉悦概念三个维度的数据的方差显著不同。因此,在考查外语课堂焦虑维度二和外语课堂愉悦概念三维度的关系时也应采用斯皮尔曼等级相关分析。

表 4　外语课堂焦虑维度二和外语课堂愉悦三维度数据方差齐性检验结果

Levene 统计量	自由度 1	自由度 2	显著性
12.08	1	390	0.001
57.84	1	390	0.000
34.07	1	390	0.000

（三）外语课堂焦虑和外语课堂愉悦具体指标数据方差齐性检验结果

如表 5 所示，外语课堂焦虑情绪量表题项 4 与外语课堂愉悦情绪量表题项 12 和 20 的方差齐性检验 p 值大于 0.05，说明焦虑量表题项 4 和愉悦量表题项 12 和题项 20 的数据方差之间无显著差异。相反，外语课堂焦虑量表题项 4 与外语课堂愉悦情绪量表题项 4、5、8、15、16、17、19 和 21 的方差有显著差异。因此，在考查外语课堂焦虑情绪量表题项 4 与外语课堂愉悦情绪量表题项 12 和 20 的关系时采用皮尔逊相关分析，而考查外语课堂焦虑情绪量表题项 4 与外语课堂愉悦情绪量表其他题项的关系时则采用斯皮尔曼等级相关分析。

表 5　外语课堂焦虑情绪量表题项 4 与外语课堂愉悦情绪量表各题项之间方差齐性检验结果

愉悦量表题项	Levene 统计量	自由度 1	自由度 2	显著性
题项 4	9.58	1	390	0.002
题项 5	4.99	1	390	0.026
题项 8	8.71	1	390	0.003
题项 12	3.30	1	390	0.070
题项 15	24.29	1	390	0.000
题项 16	34.25	1	390	0.000
题项 17	15.88	1	390	0.000
题项 19	5.89	1	390	0.016

续表

愉悦量表题项	Levene 统计量	自由度 1	自由度 2	显著性
题项 20	2.34	1	390	0.127
题项 21	5.06	1	390	0.025

如表 6 所示，外语课堂焦虑情绪量表题项 5 与外语课堂愉悦情绪量表题项 5、12、19、20 和 21 的方差齐性检验 p 值大于 0.05，说明焦虑量表题项 5 和愉悦量表题项 5、12、19、20 和 21 的数据方差之间无显著差异。与之相反，外语课堂焦虑情绪量表题项 5 与外语课堂愉悦情绪量表题项 4、8、15、16 和 17 的方差差异检验显著。因此，在考查外语课堂焦虑情绪量表题项 5 与外语课堂愉悦情绪量表题项 5、12、19、20 和 21 的相关性时采用皮尔逊相关分析，而考查外语课堂焦虑情绪量表题项 5 与外语课堂愉悦情绪量表题项 4、8、15、16 和 17 的相关性时采用斯皮尔曼等级相关分析。

表 6　外语课堂焦虑情绪量表题项 5 与外语课堂愉悦情绪量表各题项之间方差齐性检验结果

愉悦量表题项	Levene 统计量	自由度 1	自由度 2	显著性
题项 4	6.56	1	390	0.011
题项 5	2.65	1	390	0.104
题项 8	5.60	1	390	0.018
题项 12	1.40	1	390	0.237
题项 15	20.14	1	390	0.000
题项 16	29.63	1	390	0.000
题项 17	12.06	1	390	0.001
题项 19	3.33	1	390	0.069
题项 20	0.78	1	390	0.377
题项 21	2.83	1	390	0.094

如表 7 所示，外语课堂焦虑情绪量表题项 8 与外语课堂愉悦情绪量表

题项12和题项20的Levene方差齐性检验显著性大于0.05，说明焦虑量表题项8和愉悦量表题项12和题项20的数据方差之间无显著差异。然而，课堂焦虑情绪量表题项8与课堂愉悦情绪量表题项4、5、8、15、16、17、19和21的方差检验结果显著（p值小于显著性临界值0.05）。因此，在考查外语课堂焦虑情绪量表题项8与外语课堂愉悦情绪量表题项12和20的关系时采用皮尔逊相关分析统计方式，而考查焦虑量表题项8与愉悦量表题项4、5、8、15、16、17、19和21的关系时使用斯皮尔曼等级相关分析。

表7 外语课堂焦虑情绪量表题项8与外语课堂愉悦情绪量表各题项之间方差齐性检验结果

愉悦量表题项	Levene 统计量	自由度1	自由度2	显著性
题项4	9.45	1	390	0.002
题项5	4.74	1	390	0.030
题项8	8.62	1	390	0.004
题项12	3.02	1	390	0.083
题项15	24.89	1	390	0.000
题项16	36.27	1	390	0.000
题项17	16.16	1	390	0.000
题项19	5.66	1	390	0.018
题项20	2.06	1	390	0.152
题项21	4.79	1	390	0.029

如表8所示，外语课堂焦虑情绪量表题项9与外语课堂愉悦情绪量表题项5、12、20和21的方差齐性Levene检验p值大于0.05，说明焦虑量表题项9和愉悦量表题项5、12、20和21的数据方差之间差异不显著，但课堂焦虑情绪量表题项9与课堂愉悦情绪量表题项4、8、15、16、17和19的方差齐性检验p值小于0.05，检验结果显著。因此，在考查外语课堂

焦虑情绪量表题项9与外语课堂愉悦情绪量表题项5、12、20和21的相关性时采用皮尔逊相关分析;考查焦虑量表题项9与愉悦情绪量表题项4、8、15、16、17和19的关系时采用斯皮尔曼等级相关分析。

表8 外语课堂焦虑情绪量表题项9与外语课堂愉悦情绪量表各题项之间方差齐性检验结果

愉悦量表题项	Levene 统计量	自由度1	自由度2	显著性
题项 4	7.93	1	390	0.005
题项 5	3.60	1	390	0.058
题项 8	7.03	1	390	0.008
题项 12	2.11	1	390	0.147
题项 15	22.51	1	390	0.000
题项 16	33.06	1	390	0.000
题项 17	14.07	1	390	0.000
题项 19	4.40	1	390	0.037
题项 20	1.33	1	390	0.250
题项 21	3.73	1	390	0.054

如表9所示,外语课堂焦虑情绪量表题项15与多数外语课堂愉悦情绪量表题项的方差齐性检验结果不显著。具体来说,外语课堂焦虑情绪量表题项15与外语课堂愉悦情绪量表题项4、5、8、12、17、19、20和21的方差齐性检验显著值大于0.05,与愉悦情绪量表题项15和16的方差齐性检验p值小于0.05。因此,在考查外语课堂焦虑情绪量表题项15与外语课堂愉悦情绪量表题项4、5、8、12、17、19、20和21的关系时使用皮尔逊相关分析;在考查焦虑情绪量表题项15与愉悦情绪量表题项15和16的关系时使用斯皮尔曼等级相关分析。

第三章 外语课堂焦虑和愉悦情绪的关系及对外语成绩的影响

表9 外语课堂焦虑情绪量表题项15与外语课堂愉悦情绪
量表各题项之间方差齐性检验结果

愉悦量表题项	Levene统计量	自由度1	自由度2	显著性
题项4	0.95	1	390	0.329
题项5	0.01	1	390	0.928
题项8	0.36	1	390	0.548
题项12	0.32	1	390	0.574
题项15	8.98	1	390	0.003
题项16	14.11	1	390	0.000
题项17	3.29	1	390	0.070
题项19	0.01	1	390	0.927
题项20	0.76	1	390	0.384
题项21	0.01	1	390	0.925

如表10所示，外语课堂焦虑情绪量表题项17与外语课堂愉悦情绪量表题项的方差齐性检验 p 值均小于0.05，检验结果显著。因此，在考查外语课堂焦虑情绪量表题项17与外语课堂愉悦情绪量表各题项的关系时均采用斯皮尔曼等级相关分析。

表10 外语课堂焦虑情绪量表题项17与外语课堂愉悦情绪
量表各题项之间方差齐性检验结果

愉悦量表题项	Levene统计量	自由度1	自由度2	显著性
题项4	17.75	1	390	0.000
题项5	11.56	1	390	0.001
题项8	17.49	1	390	0.000
题项12	8.88	1	390	0.003
题项15	36.73	1	390	0.000
题项16	51.82	1	390	0.000
题项17	27.01	1	390	0.000

续表

愉悦量表题项	Levene 统计量	自由度 1	自由度 2	显著性
题项 19	13.03	1	390	0.000
题项 20	7.22	1	390	0.008
题项 21	11.12	1	390	0.001

如表 11 所示，外语课堂焦虑情绪量表题项 18 与外语课堂愉悦情绪量表中代表"外语学习愉悦"维度的题项（题项 4、5、8 和 12）和"同伴支持愉悦"维度的题项（题项 19、20 和 21）的方差齐性检验显著值大于 0.05，说明焦虑量表题项 18 和这些愉悦量表题项的数据方差之间无显著差异。与之相反，课堂焦虑情绪量表题项 18 与课堂愉悦情绪量表中代表"教师支持愉悦"维度的题项（题项 15、16 和 17）的方差齐性检验 p 值小于 0.05，检验结果显著。因此，考查课堂焦虑情绪量表题项 18 与课堂愉悦情绪量表题项 4、5、8、12、19、20 和 21 的相关性时采用皮尔逊相关分析；考查焦虑情绪量表题项 18 与愉悦情绪量表题项 15、16 和 17 的相关性时采用斯皮尔曼等级相关分析。

表 11　外语课堂焦虑情绪量表题项 18 与外语课堂愉悦情绪量表各题项之间方差齐性检验结果

愉悦量表题项	Levene 统计量	自由度 1	自由度 2	显著性
题项 4	2.18	1	390	0.140
题项 5	0.23	1	390	0.636
题项 8	1.36	1	390	0.244
题项 12	0.00	1	390	0.984
题项 15	11.78	1	390	0.001
题项 16	17.80	1	390	0.000
题项 17	5.38	1	390	0.021
题项 19	0.43	1	390	0.512

续表

愉悦量表题项	Levene 统计量	自由度 1	自由度 2	显著性
题项 20	0.08	1	390	0.780
题项 21	0.37	1	390	0.542

如表 12 所示，外语课堂焦虑情绪量表题项 28 与多数外语课堂愉悦情绪量表题项的方差差异检验结果不显著。具体来说，焦虑题项 28 与愉悦题项 4、5、8、12、19、20 和 21 的方差齐性检验显著性大于 0.05，与愉悦题项 15、16 和 17 的方差齐性检验 p 值小于 0.05。因此，在考查焦虑情绪量表题项 28 与愉悦情绪量表题项 4、5、8、12、19、20 和 21 的关系时采用皮尔逊相关分析统计方式；考查焦虑量表题项 28 与愉悦量表题项 15、16 和 17 的关系采用斯皮尔曼等级相关分析。

表 12　外语课堂焦虑情绪量表题项 28 与外语课堂愉悦情绪量表各题项之间方差齐性检验结果

愉悦量表题项	Levene 统计量	自由度 1	自由度 2	显著性
题项 4	1.63	1	390	0.202
题项 5	0.08	1	390	0.781
题项 8	0.90	1	390	0.344
题项 12	0.03	1	390	0.867
题项 15	10.27	1	390	0.001
题项 16	15.41	1	390	0.000
题项 17	4.36	1	390	0.037
题项 19	0.21	1	390	0.649
题项 20	0.21	1	390	0.644
题项 21	0.18	1	390	0.669

如表 13 所示，外语课堂焦虑情绪量表题项 29 与多数外语课堂愉悦情绪量表题项的方差齐性检验结果显著（概率值小于 0.05）。具体来说，焦

虑量表题项 29 与愉悦量表题项 4、5、8、15、16、17、19 和 21 的方差齐性检验显著性小于 0.05，与愉悦情绪量表题项 12 和题项 20 的方差齐性检验 p 值不显著。所以，在考查焦虑情绪量表题项 29 与愉悦情绪量表题项 12 和题项 20 的关系时应采用皮尔逊相关分析，而考查焦虑量表题项 29 与愉悦量表题项 4、5、8、15、16、17、19 和 21 的关系则需采用斯皮尔曼等级相关分析。

表 13　外语课堂焦虑情绪量表题项 29 与外语课堂愉悦情绪量表各题项之间方差齐性检验结果

愉悦量表题项	Levene 统计量	自由度 1	自由度 2	显著性
题项 4	10.28	1	390	0.001
题项 5	5.34	1	390	0.021
题项 8	9.50	1	390	0.002
题项 12	3.49	1	390	0.063
题项 15	26.31	1	390	0.000
题项 16	38.48	1	390	0.000
题项 17	17.38	1	390	0.000
题项 19	6.33	1	390	0.012
题项 20	2.45	1	390	0.118
题项 21	5.35	1	390	0.021

如表 14 所示，外语课堂焦虑情绪量表题项 31 与外语课堂愉悦情绪量表题项的方差齐性检验显著性普遍较高（题项 20 显著性小于 0.005，其他题项显著性均小于 0.001）。因此，在考查该课堂焦虑情绪量表题项与外语课堂愉悦情绪量表题项的关系时均采用斯皮尔曼等级相关分析统计方式。

第三章 外语课堂焦虑和愉悦情绪的关系及对外语成绩的影响

表14 外语课堂焦虑情绪量表题项31与外语课堂愉悦情绪
量表各题项之间方差齐性检验结果

愉悦量表题项	Levene 统计量	自由度1	自由度2	显著性
题项4	24.49	1	390	0.000
题项5	17.57	1	390	0.000
题项8	24.76	1	390	0.000
题项12	14.34	1	390	0.000
题项15	45.46	1	390	0.000
题项16	62.67	1	390	0.000
题项17	35.31	1	390	0.000
题项19	19.38	1	390	0.000
题项20	12.25	1	390	0.001
题项21	16.66	1	390	0.000

如表15所示，外语课堂焦虑情绪量表题项33与5个外语课堂愉悦情绪量表题项的方差齐性检验结果显著（愉悦量表题项4和8概率值小于0.05；愉悦量表题项15、16和17概率值小于0.001）。焦虑情绪量表题项33与愉悦情绪量表其他5个题项的方差齐性检验 p 值不显著。所以，在考查焦虑情绪量表题项33与愉悦情绪量表题项5、12、19、20和21的关系时应采用皮尔逊相关分析，而考查焦虑量表题项33与愉悦量表题项4、8、15、16和17的关系则采用斯皮尔曼等级相关分析。

表15 外语课堂焦虑情绪量表题项33与外语课堂愉悦情绪
量表各题项之间方差齐性检验结果

愉悦量表题项	Levene 统计量	自由度1	自由度2	显著性
题项4	7.04	1	390	0.008
题项5	2.88	1	390	0.091
题项8	6.12	1	390	0.014

续表

愉悦量表题项	Levene 统计量	自由度 1	自由度 2	显著性
题项 12	1.53	1	390	0.218
题项 15	21.56	1	390	0.000
题项 16	32.57	1	390	0.000
题项 17	13.08	1	390	0.000
题项 19	3.62	1	390	0.058
题项 20	0.85	1	390	0.357
题项 21	3.03	1	390	0.083

（四）外语课堂焦虑/愉悦概念各层次数据和外语成绩方差齐性检验结果

外语课堂焦虑整体概念、焦虑概念两维度和焦虑量表各题项数据与成绩之间方差齐性检验结果汇总于表 16。如下表所示，所有 Levene 检验的显著性值均小于 0.001，说明外语课堂焦虑概念各层次数据方差与外语成绩方差之间存在显著差异。这意味着在进行外语课堂焦虑概念各层次和成绩之间的相关性分析时应采用非参数斯皮尔曼相关分析统计方式。

表 16　外语成绩与外语课堂焦虑情绪概念各层次之间方差齐性检验结果

外语课堂焦虑各层次	Levene 统计量	自由度 1	自由度 2	显著性
焦虑整体概念	251.92	1	390	0.000
焦虑维度一（他人面前表现不佳恐惧）	330.28	1	390	0.000
焦虑维度二（外语课堂恐惧）	358.64	1	390	0.000
题项 4	453.58	1	390	0.000
题项 5	455.55	1	390	0.000
题项 8	454.17	1	390	0.000
题项 9	454.91	1	390	0.000

续表

外语课堂焦虑各层次	Levene 统计量	自由度 1	自由度 2	显著性
题项 15	459.91	1	390	0.000
题项 17	450.77	1	390	0.000
题项 18	458.44	1	390	0.000
题项 28	458.85	1	390	0.000
题项 29	453.90	1	390	0.000
题项 31	448.35	1	390	0.000
题项 33	455.66	1	390	0.000

如表 17 所示，外语课堂愉悦整体概念、愉悦概念三维度和愉悦量表各题项数据与成绩方差齐性检验 p 值也均低于 0.001，说明外语课堂愉悦各层次与外语成绩之间的方差显著不同。因此，在进行外语课堂愉悦概念各层次和成绩之间的相关性分析时也应采用非参数斯皮尔曼等级相关分析统计方式。

表 17　外语成绩与外语课堂愉悦情绪概念各层次之间方差齐性检验结果

外语课堂愉悦各层次	Levene 统计量	自由度 1	自由度 2	显著性
愉悦整体概念	299.41	1	390	0.000
愉悦维度一（外语学习愉悦）	390.08	1	390	0.000
愉悦维度二（教师支持愉悦）	422.02	1	390	0.000
愉悦维度三（同伴支持愉悦）	408.78	1	390	0.000
题项 4	462.12	1	390	0.000
题项 5	459.63	1	390	0.000
题项 8	461.33	1	390	0.000

续表

外语课堂愉悦各层次	Levene 统计量	自由度 1	自由度 2	显著性
题项 12	458.53	1	390	0.000
题项 15	467.30	1	390	0.000
题项 16	468.19	1	390	0.000
题项 17	464.13	1	390	0.000
题项 19	460.09	1	390	0.000
题项 20	457.79	1	390	0.000
题项 21	459.83	1	390	0.000

三、外语课堂焦虑和愉悦各层次之间相关性分析结果

（一）外语课堂焦虑和外语课堂愉悦整体概念之间相关性分析结果

外语课堂焦虑和外语课堂愉悦整体概念之间的相关性通过两个途径来考查：一是相关性统计分析，二是焦虑和愉悦数据的分布趋势（Dewaele & MacIntyre，2014）。在进行相关性分析之前，首先绘制了外语课堂焦虑和愉悦整体概念关系散点图以观察外语课堂焦虑和外语课堂愉悦之间是否存在非线性关系，进而确认是否适合采用线性相关统计方式对两种课堂情绪的关系进行描述。如图 1 所示，外语课堂焦虑和愉悦之间并不存在曲线关系，而且两者之间的线性关系较弱。

<<< 第三章 外语课堂焦虑和愉悦情绪的关系及对外语成绩的影响

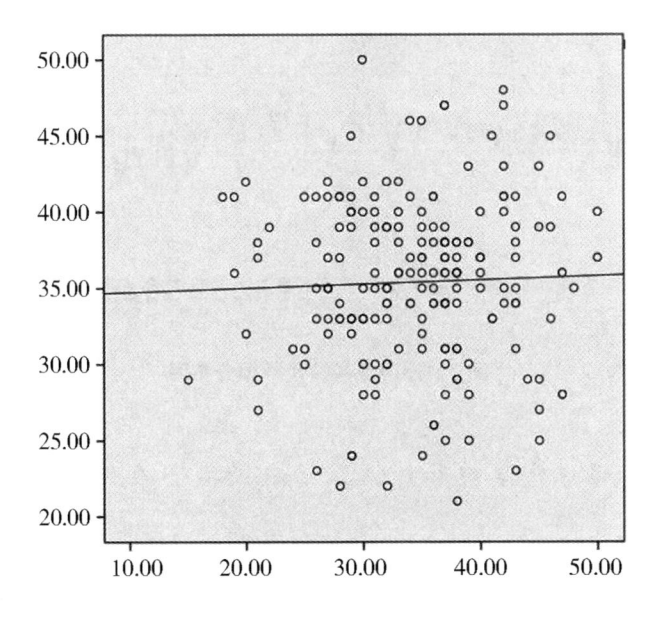

图1 外语课堂焦虑和愉悦关系散点图

（X轴为焦虑；Y轴为愉悦）

斯皮尔曼简单相关分析结果表明外语课堂焦虑和愉悦之间存在较弱的显著相关，$r_s = -0.26$。另外，焦虑和愉悦数据的分布图（图2和图3）显示两种情绪的数据并未呈现出较为明显的此消彼长趋势。

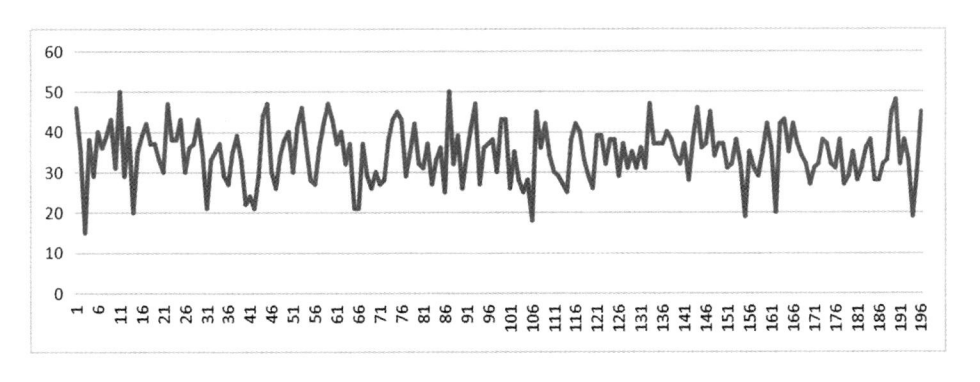

图2 外语课堂焦虑数据分布图

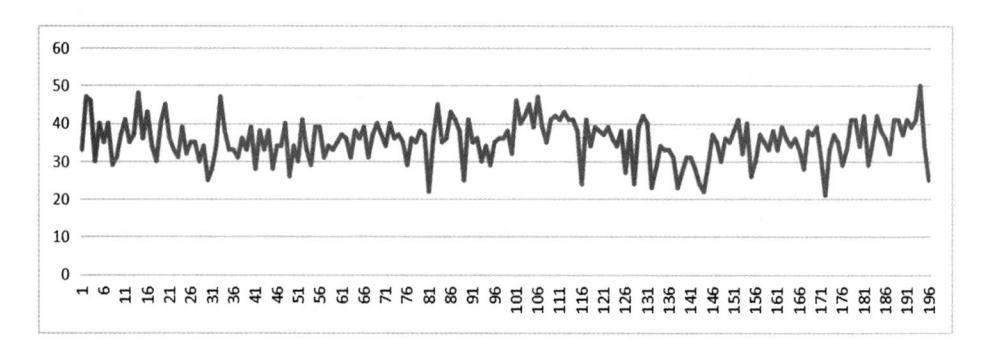

图3 外语课堂愉悦数据分布图

（二）外语课堂焦虑和外语课堂愉悦各个维度之间相关性分析结果

在进行外语课堂焦虑和外语课堂愉悦各个维度之间相关性分析之前，首先绘制了外语课堂焦虑和愉悦情绪各维度之间的散点图以确认是否适合采用线性相关统计手段对两种课堂情绪维度之间的关系进行考查。如图4—图9（注：X轴为焦虑；Y轴为愉悦）所示，外语课堂焦虑和愉悦各维度之间并不存在曲线关系。

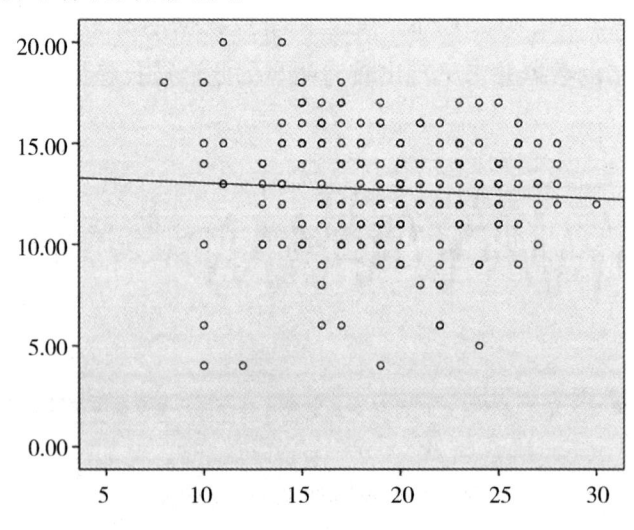

图4 外语学习愉悦与"他人面前表现不佳恐惧"关系散点图

第三章 外语课堂焦虑和愉悦情绪的关系及对外语成绩的影响

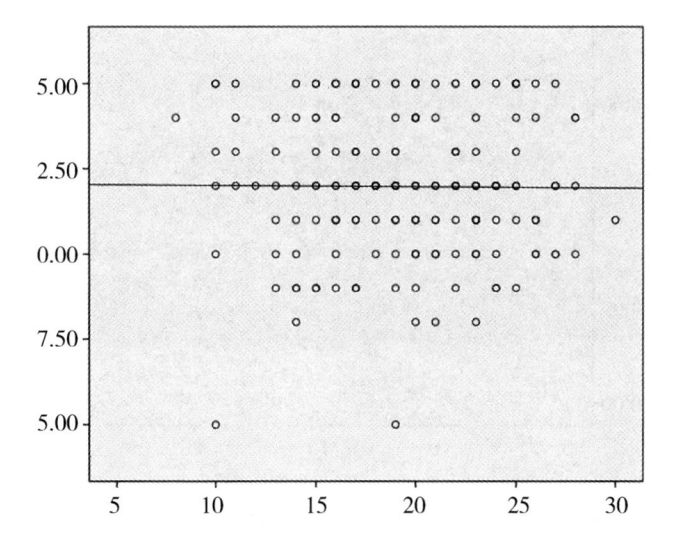

图 5 教师支持愉悦和"他人面前表现不佳恐惧"关系散点图

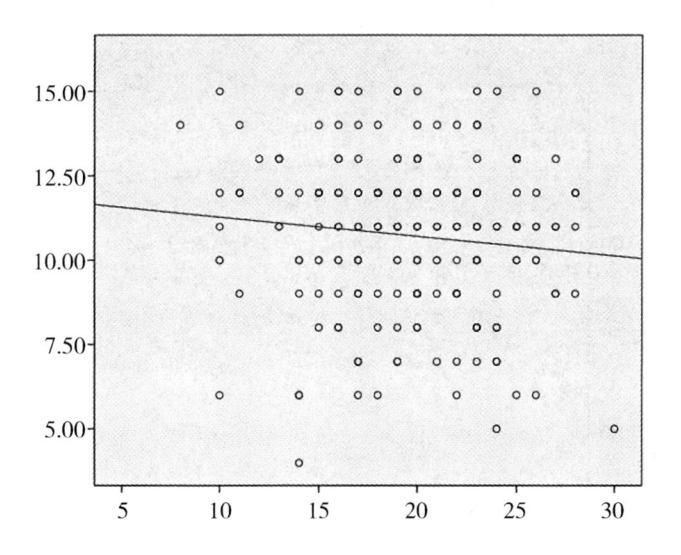

图 6 同伴支持愉悦与"他人面前表现不佳恐惧"关系散点图

141

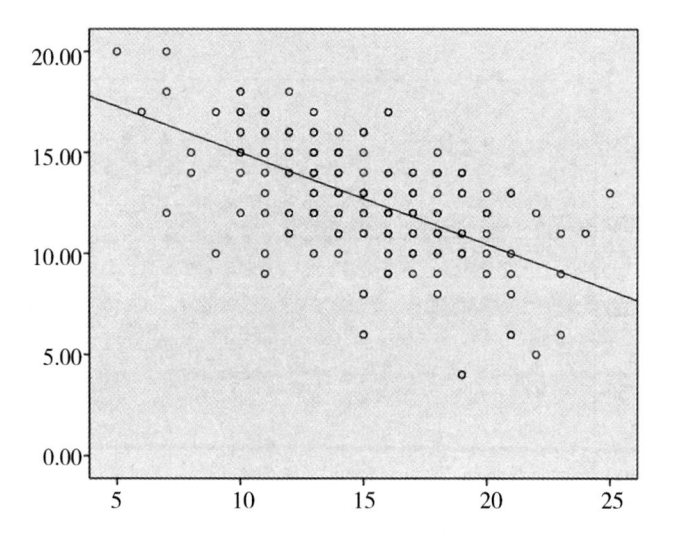

图7 外语学习愉悦与"外语课堂恐惧"关系散点图

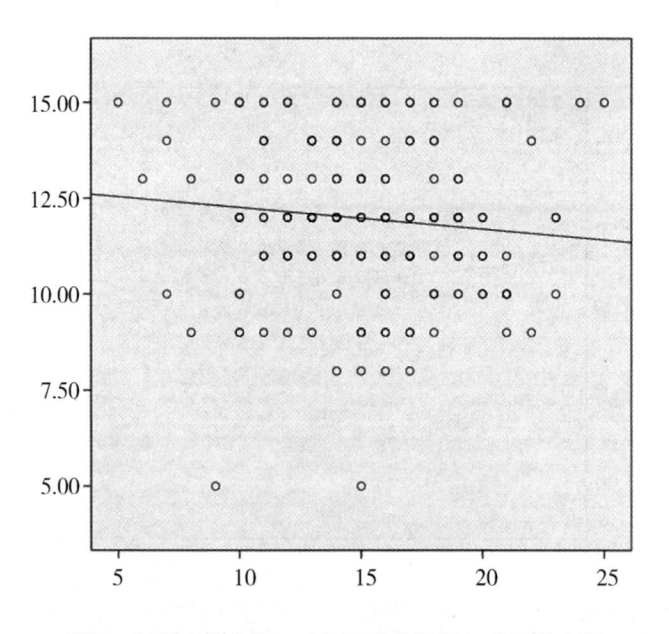

图8 教师支持愉悦与"外语课堂恐惧"关系散点图

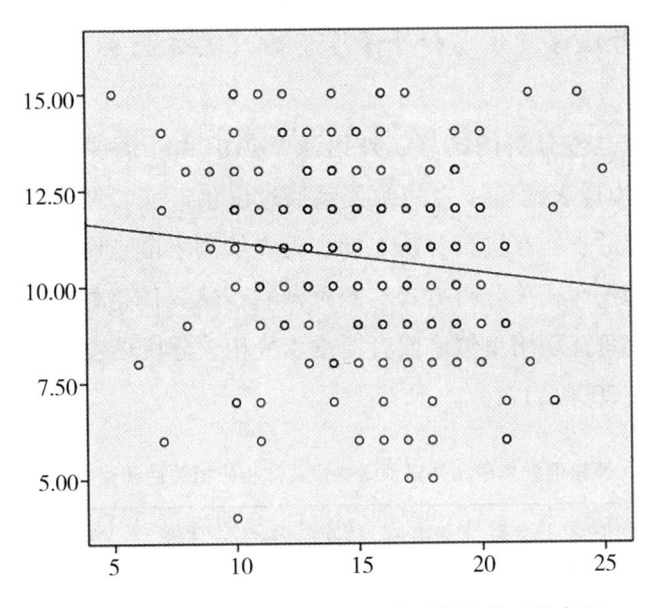

图9 同伴支持愉悦和"外语课堂恐惧"关系散点图

外语课堂焦虑和外语课堂愉悦各个维度之间的相关性通过斯皮尔曼相关分析统计方式进行考查,主要因为外语课堂焦虑两个维度和每个愉悦维度的方差齐性检验结果均显著。相关性分析结果汇总于表18。如表所示,外语课堂焦虑概念的"他人面前表现不佳恐惧"维度与所有外语课堂愉悦情绪维度之间均未呈现出显著相关性。与之相反,"外语课堂恐惧"维度与外语课堂愉悦情绪的三个维度均显著负相关。其中,"外语课堂恐惧"维度与"外语学习愉悦"维度之间的关系最强,与"教师支持愉悦"和"同伴支持愉悦"之间的相关性强度基本一样。

表18 外语课堂焦虑和外语课堂愉悦各维度相关性分析结果

	他人面前表现不佳恐惧	外语课堂恐惧
外语学习愉悦	-0.08	-0.58***
教师支持愉悦	-0.04	-0.149*
同伴支持愉悦	-0.11	-0.146*

注:***$p < 0.001$;*$p < 0.05$

（三）外语课堂焦虑和外语课堂愉悦具体指标之间相关性分析结果

根据之前方差分析的结果，外语课堂焦虑和外语课堂愉悦具体指标（即焦虑和愉悦量表题项）之间的关系通过皮尔逊或者斯皮尔曼相关分析统计方式进行考查。在进行分析之前，首先绘制了散点图以确认是否适合采用上述两种线性相关分析方式对两种课堂情绪具体指标之间的关系进行调查。题项之间宜采用皮尔逊或者斯皮尔曼相关分析见表19。具体相关性分析结果见表20和21。

表19 外语课堂焦虑和外语课堂愉悦具体指标相关性调查方式统计表

	愉悦题项4	愉悦题项5	愉悦题项8	愉悦题项12	愉悦题项15	愉悦题项16	愉悦题项17	愉悦题项19	愉悦题项20	愉悦题项21
焦虑题项4	×	×	×	√	×	×	×	×	√	×
焦虑题项5	×	√	×	√	×	×	×	√	√	√
焦虑题项8	×	×	×	√	×	×	×	×	√	×
焦虑题项9	×	√	×	√	×	×	×	×	√	√
焦虑题项15	√	√	√	√	×	×	√	√	√	√
焦虑题项17	×	×	×	×	×	×	×	×	×	×
焦虑题项18	√	√	√	√	×	×	×	√	√	√
焦虑题项28	√	√	√	√	×	×	×	√	√	√

续表

	愉悦题项4	愉悦题项5	愉悦题项8	愉悦题项12	愉悦题项15	愉悦题项16	愉悦题项17	愉悦题项19	愉悦题项20	愉悦题项21
焦虑题项29	×	×	×	√	×	×	×	×	√	×
焦虑题项31	×	×	×	×	×	×	×	×	×	×
焦虑题项33	×	√	×	√	×	×	×	√	√	√

注：√表示考查焦虑和愉悦题项关系时应采用皮尔逊相关分析；×表示考查焦虑和愉悦题项关系时应采用斯皮尔曼相关分析。

表20 外语课堂焦虑和外语课堂愉悦具体指标皮尔逊相关性分析结果

	愉悦题项4	愉悦题项5	愉悦题项8	愉悦题项12	愉悦题项15	愉悦题项16	愉悦题项17	愉悦题项19	愉悦题项20	愉悦题项21
焦虑题项4	×	×	×	0.09	×	×	×	×	0.03	×
焦虑题项5	×	-0.33***	×	-0.26***	×	×	×	-0.09	-0.05	0.03
焦虑题项8	×	×	×	-0.15*	×	×	×	×	-0.08	×
焦虑题项9	×	-0.17*	×	-0.22**	×	×	×	×	-0.10	-0.18*
焦虑题项15	0.05	0.04	0.07	0.12	×	×	0.001	-0.07	-0.04	-0.02
焦虑题项17	×	×	×	×	×	×	×	×	×	×

续表

	愉悦题项4	愉悦题项5	愉悦题项8	愉悦题项12	愉悦题项15	愉悦题项16	愉悦题项17	愉悦题项19	愉悦题项20	愉悦题项21
焦虑题项18	-0.42***	-0.28***	-0.30***	-0.21**	×	×	×	-0.09	-0.06	-0.04
焦虑题项28	-0.57***	-0.38***	-0.42***	-0.36***	×	×	×	-0.08	-0.09	-0.16*
焦虑题项29	×	×	×	0.09	×	×	×	×	-0.01	×
焦虑题项31	×	×	×	×	×	×	×	×	×	×
焦虑题项33	×	-0.02	×	-0.11	×	×	×	-0.07	-0.06	-0.12

注：***$p<0.001$；**$p<0.005$；*$p<0.05$

如表20所示，外语课堂焦虑和愉悦具体指标之间的皮尔逊相关性总的来说不强。外语课堂焦虑量表题项4和外语课堂愉悦量表题项12和题项20之间不存在显著相关性。焦虑题项5与愉悦题项5和题项12之间存在显著负相关，说明越被外语课困扰，在外语课堂上就越少有焕然一新的感觉，就越体会不到外语学习的乐趣。焦虑题项8与愉悦题项12之间也呈现出较弱的负相关，说明越担心课堂上的考核则越感受不到外语课堂的乐趣。焦虑题项9和愉悦题项5、12和21显著负相关，说明学生越担心外语课堂上的没有准备的发言，其在课堂上就越少有焕然一新的感觉，越体会不到外语学习的乐趣以及同学之间愉悦的学习气氛。焦虑题项18和题项28与外语课堂愉悦概念中的外语学习愉悦维度的四个题项（题项4、5、8和12）显著负相关，说明学生对英语课以及课上的口语表达越没自信则越不享受外语学习。焦虑题项28和愉悦题项21之间存在的负相关说明学生越是对英语课感到有压力，其越感受不到课上愉悦的学习气氛。

表 21　外语课堂焦虑和外语课堂愉悦具体指标斯皮尔曼相关性分析结果

	愉悦题项 4	愉悦题项 5	愉悦题项 8	愉悦题项 12	愉悦题项 15	愉悦题项 16	愉悦题项 17	愉悦题项 19	愉悦题项 20	愉悦题项 21
焦虑题项 4	0.01	0.08	0.03	×	-0.06	-0.05	0.06	0.03	×	-0.07
焦虑题项 5	-0.44***	×	-0.31***	×	0.02	-0.12	-0.10	×	×	×
焦虑题项 8	-0.30***	-0.15*	-0.16*	×	0.07	-0.03	0.02	-0.04	×	-0.07
焦虑题项 9	-0.32***	×	-0.19*	×	-0.08	-0.13	-0.02	-0.18*	×	×
焦虑题项 15	×	×	×	×	0.08	-0.01	×	×	×	×
焦虑题项 17	-0.54***	-0.29***	-0.35***	-0.31***	-0.12	-0.25**	-0.13	-0.10	-0.12	-0.15*
焦虑题项 18	×	×	×	×	-0.02	-0.20*	-0.12	×	×	×
焦虑题项 28	×	×	×	×	-0.02	-0.17*	-0.17*	×	×	×
焦虑题项 29	0.07	0.04	0.09	×	0.07	0.11	0.09	0.04	×	0.08
焦虑题项 31	-0.27***	-0.11	-0.18*	-0.07	-0.06	-0.05	0.08	-0.08	-0.05	-0.09
焦虑题项 33	-0.11	×	0.03	×	-0.04	-0.01	0.02	×	×	×

注：***$p<0.001$；**$p<0.005$；*$p<0.05$

如表 21 所示，外语课堂焦虑和愉悦具体指标之间的斯皮尔曼相关性总体不强。外语课堂焦虑情绪量表题项 4 和外语课堂愉悦情绪量表题项 4、5、8、15、16、17、19 和 21 之间不存在显著相关性。焦虑题项 5、8 和 9 与愉悦题项 4 和 8 显著负相关，说明越对外语课感到困扰，越担心课堂上的考核，越担心外语课堂上的没有准备的发言就越不喜欢英语课，所感到的课堂收获就越少。另外，焦虑题项8和9还分别与愉悦题项5和19显著负相关，说明越担心课堂上的考核则在课堂上越没有焕然一新的感觉；越担心外语课堂上没有准备的发言则越感受不到课堂上同学之间紧密的关系。焦虑题项17与外语学习愉悦维度的四个题项（题项4、5、8和12）以及愉悦题项16和21显著负相关，说明学生越不想上外语课，其越不享受外语学习，越感受不到老师和同学的社会支持。焦虑题项18与愉悦题项16显著负相关。焦虑题项28与愉悦题项16和17显著负相关。因此，学生在课堂上越对口语表达没自信，对英语课越感到有压力则越不能感受到老师的支持。焦虑题项31与外语学习愉悦维度的两个题项（题项4和8）显著负相关，说明学生越担心同学的嘲笑则越不能从外语学习中获得愉悦感。

四、外语课堂焦虑和愉悦各层次与外语成绩相关性分析结果

（一）外语课堂焦虑和愉悦整体概念与外语成绩相关性分析结果

外语课堂焦虑和愉悦整体概念与外语成绩的相关性采用斯皮尔曼等级相关分析统计方式来调查，主要因为外语课堂焦虑和愉悦整体概念与成绩之间的方差齐性检验结果显著。在进行相关性分析之前，首先绘制了外语课堂焦虑/愉悦整体概念与外语成绩关系散点图见图10—图11 成绩X轴，焦虑/愉悦Y轴）以确认是否适合采用斯皮尔曼相关这一线性分析手段来调查两种课堂情绪与外语成绩之间的关系。如图10和图11所示，外语课堂焦虑和愉悦整体概念与外语成绩呈现出较为明显的线性关系，确认了运用线性相关统计手段的合理性。斯皮尔曼相关分析结果表明：外语课堂焦虑与外语成绩不存在显著相关性，$r_s = -0.12, p = 0.10$，但课堂愉悦整体概念与外语成绩之间显著正相关，$r_s = 0.19, p = 0.01$，意味着学生越享受外语课堂，其外语成绩越高，反之亦然。

<<< 第三章 外语课堂焦虑和愉悦情绪的关系及对外语成绩的影响

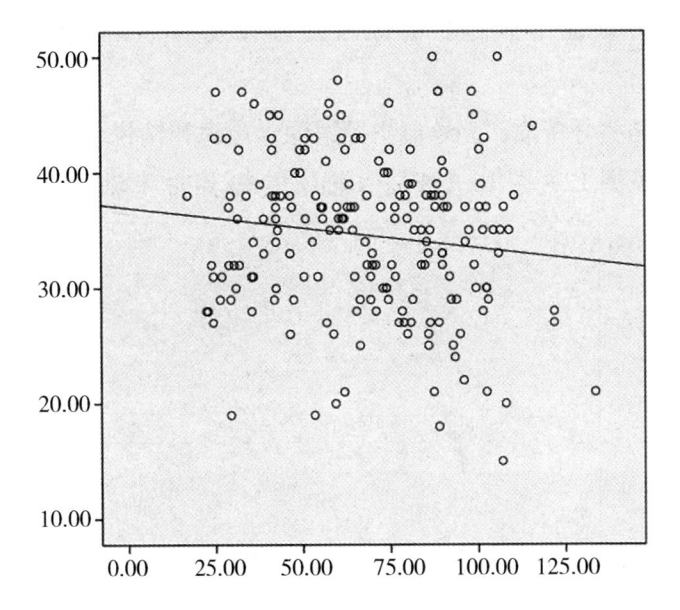

图 10 焦虑整体概念与成绩关系散点图

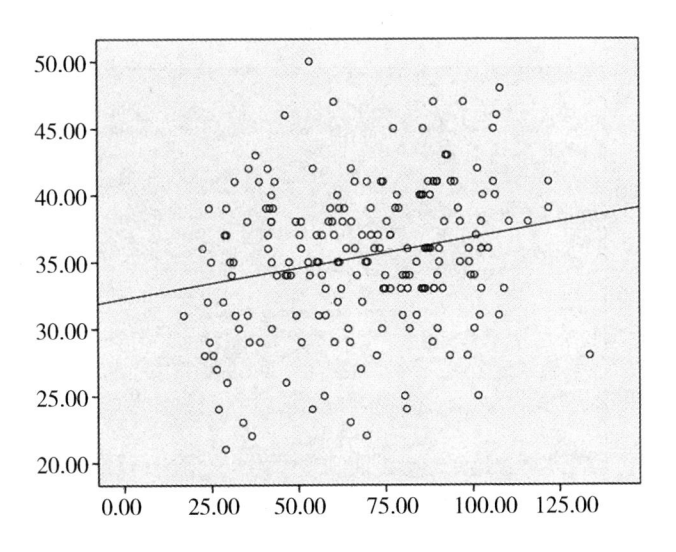

图 11 愉悦整体概念与成绩关系散点图

（二）外语课堂焦虑和愉悦概念各维度与外语成绩相关性分析结果

在进行相关分析前，先绘制出外语课堂焦虑和愉悦各维度与外语成绩关系散点图见图12—图16（成绩X轴，焦虑/愉悦Y轴）。如图所示，外

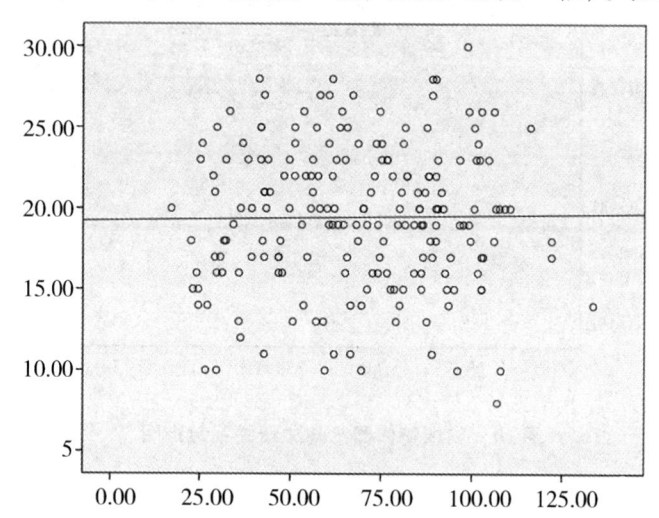

图12 "他人面前表现不佳恐惧"与成绩关系散点图

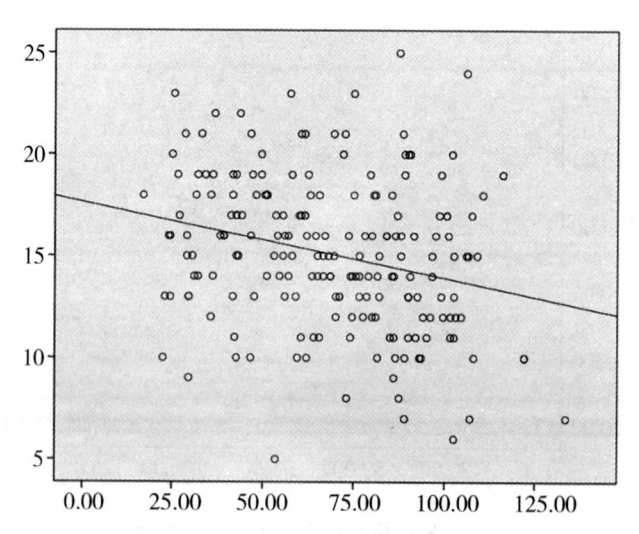

图13 "外语课堂恐惧"与成绩关系散点图

语课堂焦虑和愉悦各维度与外语成绩之间并未呈现出非线性关系，因此在分析外语课堂焦虑和愉悦各维度与外语成绩的关系时可采用斯皮尔曼相关分析统计手段（选择采用斯皮尔曼相关分析也是基于各维度与成绩方差齐性分析结果）。

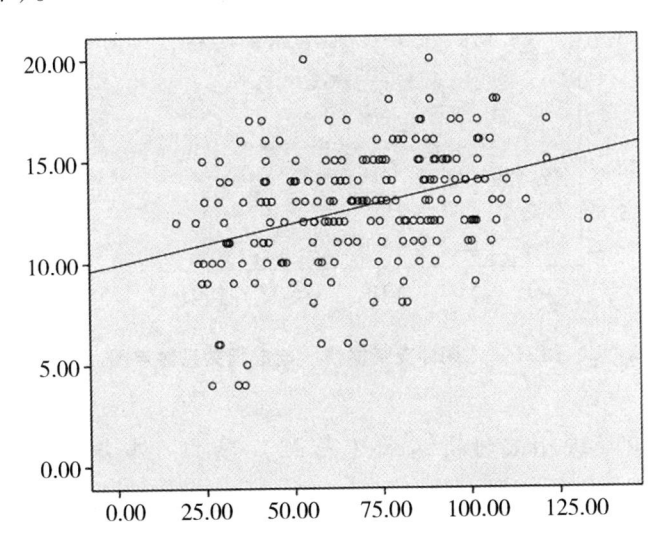

图14 "外语学习愉悦"与成绩关系散点图

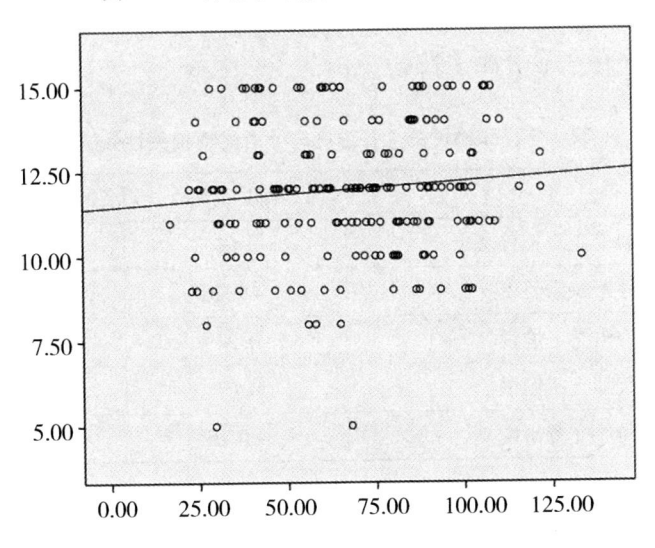

图15 "教师支持愉悦"与成绩关系散点图

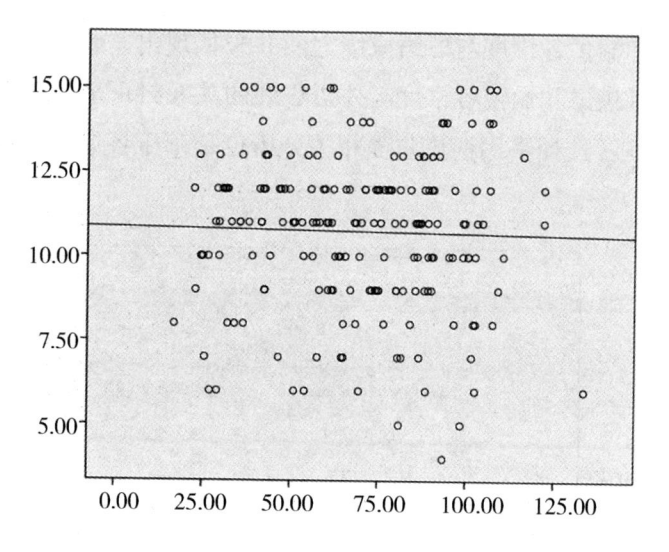

图16 "同伴支持愉悦"与成绩关系散点图

斯皮尔曼等级相关分析结果（表22）显示：外语课堂焦虑概念的"他人面前表现不佳恐惧"维度与外语成绩之间不存在显著相关性，但"外语课堂恐惧"与外语成绩显著负相关。在外语课堂愉悦概念三个维度中，"外语学习愉悦"与外语成绩显著正相关。教师和同伴支持愉悦与外语成绩之间不存在显著相关性。

表22 焦虑和愉悦概念各维度与外语成绩相关性分析结果

	相关系数	显著性
他人面前表现不佳恐惧	0.01	0.884
外语课堂恐惧	-0.26	0.000
外语学习愉悦	0.34	0.000
教师支持愉悦	0.07	0.318
同伴支持愉悦	-0.01	0.891

(三) 外语课堂焦虑和愉悦概念具体指标与外语成绩相关性分析结果

外语课堂焦虑和愉悦概念具体指标（即焦虑和愉悦量表各个题项）与外语成绩相关性也是采用斯皮尔曼相关分析统计方式进行调查。焦虑和愉悦概念具体指标与外语成绩之间的散点图也支持采用这种数据分析方式。

外语课堂焦虑情绪量表各题项与外语成绩相关性调查结果汇总于表23。如表所示，只有题项4与外语成绩之间呈现出显著相关性。其他题项与外语成绩的关系均不显著。

表23　外语课堂焦虑具体指标与外语成绩相关性分析结果

	相关系数	显著性
题项4	0.14	0.049
题项5	0.06	0.386
题项8	−0.001	0.991
题项9	0.02	0.776
题项15	0.09	0.189
题项17	0.04	0.617
题项18	0.00	0.973
题项28	0.01	0.863
题项29	0.04	0.557
题项31	0.04	0.554
题项33	−0.03	0.650

外语课堂愉悦情绪量表各题项与外语成绩相关性分析结果汇总于表24。如表所示，题项4、5、8和12（外语学习愉悦维度）与外语成绩之间呈现出显著正相关关系，其中题项8与外语成绩之间的关系强于其他题项与外语成绩的关系。题项15、16、17、19、20和21（教师支持和同伴支持愉悦维度）与外语成绩之间的关系不显著。

表 24　外语课堂愉悦具体指标与外语成绩相关性分析结果

	相关系数	显著性
题项 4	0.31	0.000
题项 5	0.24	0.001
题项 8	0.34	0.000
题项 12	0.20	0.006
题项 15	0.02	0.779
题项 16	0.14	0.051
题项 17	0.07	0.318
题项 19	-0.05	0.524
题项 20	0.002	0.973
题项 21	0.03	0.658

五、回归分析结果

（一）外语课堂愉悦整体概念与外语成绩之间回归分析结果

由于外语课堂焦虑整体概念与外语成绩之间的相关性不显著，因此不将外语课堂焦虑整体概念作为外语成绩的预测变量纳入回归分析框架。相应地，在整体概念层面，本研究仅仅调查了外语课堂愉悦整体概念对外语成绩的影响。数据分析手段为一元回归分析，结果见表 25。需要指出的是，在该分析中，标准残差值范围介于 -1.93~2.91 的，未超出 -3~3 区间，说明样本中不存在异常值（Pallant，2010）。另外，残差的正态分布、线性、等方差性、独立性均未违背（如图 17 所示）。预测变量之间也不存在多重共线性。

如表 25 所示，外语课堂愉悦整体概念显著正向预测外语成绩。外语课堂愉悦整体概念解释 4.1% 外语成绩方差。

表25　外语课堂愉悦整体概念与外语成绩之间回归分析结果

变量	偏回归系数	偏回归系数标准误	标准化偏回归系数
课堂愉悦	1.00	0.33	0.21**

注：判定系数=0.046；调整的判定系数=0.041；F 统计量=9.30，**$p<0.005$

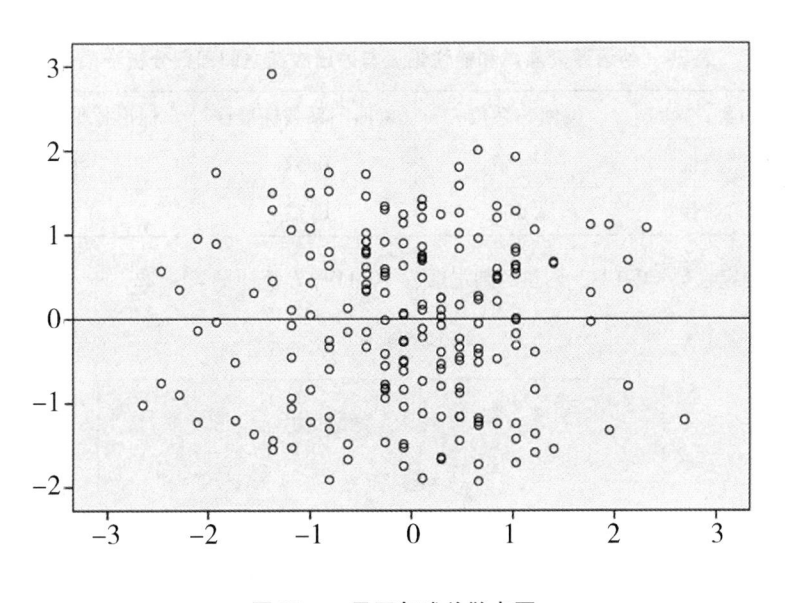

图17　一元回归残差散点图

（二）外语课堂焦虑和愉悦概念各维度与外语成绩之间回归分析结果

基于相关性分析结果，在进行外语课堂焦虑/愉悦维度和外语成绩之间回归分析时，仅仅将外语课堂焦虑概念的"外语课堂恐惧"维度和外语课堂愉悦概念的"外语学习愉悦"维度作为外语成绩的预测变量。由于存在两个预测变量，所以数据分析采用多元回归分析统计手段（回归结果见表26）。采用该统计分析手段的条件在本研究中得到了满足：标准残差值范围在-2.17~2.61，未超出-3~3区间，说明样本中不存在异常值（Pallant，2010）；残差的正态分布、线性、等方差性、独立性均未违背

(如图18所示);预测变量之间也不存在多重共线性。

如表26所示,外语课堂焦虑概念"外语课堂恐惧"维度与外语成绩的关系不显著,而外语课堂愉悦概念"外语学习愉悦"维度则显著正预测外语成绩。这意味着外语课堂愉悦概念"外语学习愉悦"维度对外语学习的影响大于外语课堂焦虑概念"外语课堂恐惧"维度对外语学习的影响。

表26 外语课堂焦虑和愉悦维度与外语成绩之间回归分析结果

变量	偏回归系数	偏回归系数标准误	标准化偏回归系数
外语课堂恐惧	-0.56	0.57	-0.08
外语学习愉悦	2.67	0.72	0.31***

注:判定系数=0.128;调整的判定系数=0.119;F统计量=14.22,***$p<0.001$

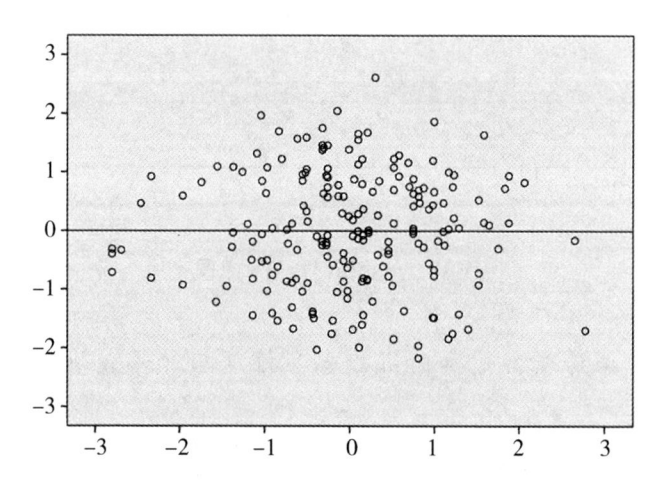

图18 多元回归残差散点图

(三) 外语课堂焦虑和愉悦概念具体指标与外语成绩之间回归分析结果

基于相关性分析结果，在进行外语课堂焦虑和愉悦具体指标（即焦虑和愉悦量表题项）与外语成绩之间的回归分析时，仅仅将外语课堂焦虑情绪量表的题项4和愉悦量表的题项4、5、8和12作为外语成绩的预测变量。由于涉及多个预测变量，所以数据分析采用多元回归分析手段（回归结果见表27）。采用该统计分析手段的条件在本研究中得到了满足：标准残差值范围在 -2.19~2.76，未超出 -3 至 3 区间；残差的正态分布、线性、等方差性、独立性均未违背（如图19所示）；预测变量之间也不存在多重共线性。

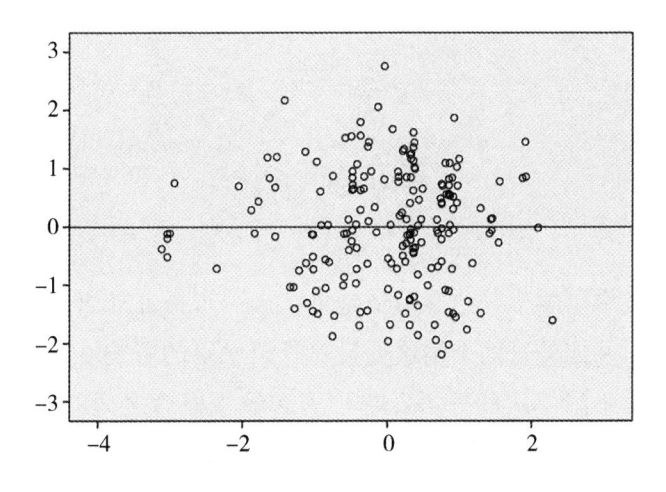

图19 多元回归分析残差散点图

如表27所示，16岁和17岁被试在除题项21外的愉悦量表题项上的分值差异独立样本t检验结果 p 值最小为0.12，大于显著性临界值0.05。也就是说两组被试在题项4、5、8、12、15、16、17、19和20上的分值无显著差异。

如表27所示，在5个焦虑和愉悦题项中，愉悦题项4和8显著正向预测外语成绩，而焦虑题项4和愉悦题项5和12对外语成绩的预测关系不显著。相较于愉悦题项 4，愉悦题项 8 与外语成绩的关系更密切。

表 27　外语课堂焦虑和愉悦概念具体指标与外语成绩之间回归分析结果

变量	偏回归系数	偏回归系数标准误	标准化偏回归系数
焦虑题项 4	0.49	1.57	0.02
愉悦题项 4	4.84	2.44	0.18*
愉悦题项 5	1.08	2.24	0.04
愉悦题项 8	7.35	2.35	0.26**
愉悦题项 12	-0.63	2.21	-0.02

注：判定系数 = 0.152；调整的判定系数 = 0.130；F 统计量 = 6.82，$**p < 0.005$；$*p < 0.05$

第五节　讨论

本研究在中国学生外语学习情境下，进一步探究外语课堂焦虑和愉悦情绪的关系，并比较这两个情绪变量对外语水平的影响。在调查中一系列相关分析显示不同层次的外语课堂焦虑和愉悦概念之间的关联程度不高。上述结果与 Dewaele 和 MacIntyre（2014）的研究发现一致，进一步证明了外语课堂焦虑和愉悦之间的相对独立性。换言之，外语课堂焦虑和愉悦情绪并不处于一个连续体的两端。这两个变量之间并不存在必然的此消彼长的关系。具体来说，有些学生或许对外语课堂感到焦虑，不喜欢外语课，而有些高焦虑的学生却仍对外语课怀有浓厚的兴趣。还有可能存在的情况是，有的学生对外语课不感到焦虑，在课堂上收获很多乐趣，而有的则既不焦虑也不享受课堂学习过程。本研究发现提醒教师在使用焦虑或愉悦量表进行诊断性调查时，不应因学生在焦虑/愉悦量表上得分偏低便认为学生具有较高程度的愉悦/焦虑情绪。

第三章 外语课堂焦虑和愉悦情绪的关系及对外语成绩的影响

第二个研究问题有关焦虑和愉悦情绪对外语成绩的影响。回归分析结果表明外语课堂愉悦整体概念、外语学习愉悦维度和两个外语课堂愉悦情绪具体指标显著正预测外语成绩，而课堂焦虑与成绩之间的关系不显著。我们认为焦虑和成绩之间的关系不显著可能与本研究所采用的外语成绩衡量指标有关。具体来说，本研究所采用的被试期末成绩不涉及学生的口语水平，而外语课堂焦虑情绪量表有一部分陈述围绕着口语表达展开。也就是说，焦虑量表的部分陈述在成绩中没有最直接的对应。另外，外语学习过程是一个受诸多交互影响着的变量支配的过程。焦虑只是影响外语学习成效的潜在因素之一，并且这种影响还会受到其他变量的干扰（Rodríguez & Abreu, 2003）。本研究结果在某种程度上反映了课堂愉悦这一正性情绪对外语焦虑负面效应的冲抵。此外，为达成某项目标（如通过考试）而在外语学习上投入较多的时间和精力也可以补偿焦虑对外语学习造成的负面影响。简言之，因受制于干扰变量，外语焦虑对外语成绩的影响可能会变得相对有限。尽管如此，外语焦虑的负面效应无论如何都不应被忽视，毕竟焦虑会对学习活动造成干扰是教育学和心理学领域普遍接受的命题（Horwitz, 2000）。

课堂愉悦显著正预测英语成绩这一发现进一步表明在外语学习过程中提升学习者正性情绪的重要性。积极心理学领域针对正性情绪对身心健康的推动作用有诸多论述，其中被学界广为引用并经过反复验证的是美国积极心理学家 Fredrickson（1998）提出的拓展—构建理论。根据该理论，积极情绪拓展个体的意识域，使个人拥有更宽广的思维和感知视野，更多样化的行动选择。反之，消极情绪则限制思维的发散程度。另外，积极情绪还可以帮助构建个人生存和发展所需的持续存在的认知、心理、体质、社会资源（Fredrickson, 1998, 2013）。外语学习是一项复杂的系统性工作。学习者不仅要掌握语言知识（如语音、词汇、句法知识），发展语言技能（如听、说能力），还需提升语用能力和跨文化意识。毋庸置疑，外语学习的成效与学习者自身是否可以有效地使用记忆、分析、联想、推理、判断等认知手段有密切关系。积极情绪则恰恰可以推动这些认知过程（Fredrickson，1998）。另外，积极情绪让学习者更乐意与他人交流，这利于形成更为紧密的人际关系，从而使学习者获得更多的外部情感和智力支持。这些情感和智力支持除了可以直接作用于学习者的外语学习，还能帮助他们从挫折中较快恢复过来。

如同其他研究，本研究仍有其局限性。首先，本研究采用便利抽样设计，所有样本均来自同一所学校。研究结果有可能受到抽样学校特有属性的影响，这限制了研究结果的推广性。研究者或考虑将来使用更大、涵盖面更广的样本进一步探索外语课堂焦虑和愉悦概念不同层面上的区分度以及这两种情绪变量对外语学习的影响。其次，如前所述，本研究没有专门设置外语水平测试环节，而是直接采用了学生的英语期末考试成绩。由于该期末考试未涉及测试学生的口语能力，因此本研究使用的成绩不能反映被试英语水平的全貌，并有可能直接导致了外语课堂焦虑和外语成绩之间关系的不显著，从而使外语焦虑对外语学习的干扰性影响未能在研究结果中得以充分体现。

第四章

外语课堂焦虑和愉悦影响因素及其发展趋势调查研究

    本研究调查了影响中国农村高中生外语课堂焦虑和愉悦情绪的因素以及其外语课堂焦虑和愉悦的发展趋势。56名被试参加了外语课堂焦虑和愉悦影响因素调查研究；16名被试参加了愉悦发展趋势研究；15名被试参加了焦虑发展趋势研究。研究结果表明外语课堂焦虑和愉悦的影响因素较为复杂，包含学习者内部变量和学习者外部变量。另外，在32名被试中，外语课堂焦虑和愉悦呈现出几种不同类型的发展趋势。具体来说，外语课堂焦虑的发展趋势可归为如下几类：1）下降型趋势；2）上升型趋势；3）先升后降型趋势；4）稳定型趋势；5）稳定—上升型趋势。外语课堂愉悦情绪的发展趋势可归为如下几类：1）下降型趋势；2）上升型趋势；3）稳定型趋势；4）稳定—上升型趋势；5）稳定—上升—下降型趋势；6）先升后降型趋势；7）上升—下降—上升型趋势。

第一节 研究背景

一、外语课堂焦虑研究背景

    长久以来，二语习得领域基本上沿用认知为导向的研究思路，影响学习者外语或者二语发展的情绪因素总的来说未受到足够的重视。在相对有限的情绪研究中，多数研究主要围绕着外语课堂焦虑情绪展开。迄今为止，研究者主要调查了外语课堂焦虑情绪对外语学习的影响和外语课堂焦虑情绪的影响因素。

外语课堂焦虑对外语学习的影响总的来说从两个角度进行了调查。一是外语课堂焦虑对外语熟练水平的影响，二是外语课堂焦虑对外语学习较为细微方面的影响。研究结果表明外语课堂焦虑可以对外语学习者产生多方面的负面干扰。这种干扰既体现在情感、心理方面，又体现在认知方面（MacIntyre，2017）。

关于外语课堂焦虑的成因，研究者从学习者人口学特征、学习者性格、学习环境、教学方法等角度进行了调查。结果表明外语课堂焦虑受到多种学习者内部和外部因素的影响。例如，研究发现外语课堂焦虑水平受到学习者自信水平的影响。越自信的学生其外语课堂焦虑水平越低（Liu & Zhang，2008）。另外，Jin、de Bot 和 Keijzer（2015）研究发现外语课堂焦虑受到学生竞争性个性倾向的制约。竞争性个性越强，焦虑水平越低。相较于竞争性倾向，自信程度对外语课堂焦虑水平的影响更大。

课堂是外语学习发生的重要场所，其环境要素对学生的焦虑水平会产生重要影响。在二语习得研究领域不少学者调查了教师和学生情感支持对外语课堂焦虑的影响。例如，Piechurska-kuciel（2011）和 Huang、Eslami 和 Hu（2010）发现学生得到的教师/同伴支持与其焦虑水平成负相关。Jin 和 Dewaele（2018）的研究结果表明同伴支持对外语课堂焦虑的影响超过教师支持对外语课堂焦虑的影响。

教学方法的改变也可以影响学生的焦虑水平。Koch 和 Terrell（1991）发现使用自然教学法后40%的受试变得更焦虑，34%的被试的焦虑程度有所缓解，26%的被试的焦虑水平没有变化。高照、李京南（2016）研究发现大学生在翻转课堂上的焦虑水平明显高于传统课堂。

总的来说，虽然外语课堂焦虑研究取得了不少成果，但是也有很多的不足需要进一步完善。这些不足既体现在研究被试方面，又体现在研究内容上。在研究被试方面，多数研究被试为大学生，针对中学生，特别是农村地区的中学生展开的研究比较少。该缺陷需要在未来的研究中加以弥补。

二、外语课堂愉悦情绪研究背景

外语课堂愉悦情绪研究始于2014年。迄今为止，研究主要探讨了外语课堂愉悦情绪与外语课堂焦虑的关系、外语课堂愉悦情绪对外语学习的影响和外语课堂愉悦情绪的影响因素。关于外语课堂愉悦情绪与外语课堂焦虑的关系，Dewaele 和 MacIntyre（2014）研究发现两者不存在较强的相关性，说明外语课堂焦虑和外语课堂愉悦之间具有相对的概念独立性，它们不存在必然的此消彼长的关系。这种概念上的独立性在探索性因素分析中进一步得到了证实（Dewaele & MacIntyre，2016）。

外语课堂愉悦情绪影响因素包括学习者内部变量和外部变量。Dewaele、Witney、Saito 和 Dewaele（2018）研究发现女性比男性更享受外语课堂；外语水平高的学生比外语水平低的学生更享受外语课堂；对外语持积极态度的学生比持消极态度的学生更享受外语课堂。Jiang 和 Dewaele（2019）调查了中国大学生的外语课堂愉悦情绪影响因素。她（他）们发现学习者的外语水平、对外语和老师的态度、感知到的在同伴中的名次、老师的幽默感以及老师对学生的友善程度都显著预测中国大学生的外语课堂愉悦水平。

外语课堂愉悦情绪是新课题，在国内外都处于研究的起步阶段，因此有许多研究问题值得探究，尤其是外语课堂愉悦情绪的影响因素，因为这有利于教师改进教学设计，以提升学生的外语学习体验。鉴于此，本研究拟采用定性研究方式对影响中国农村地区高中生外语课堂愉悦情绪的影响因素展开研究，并进一步调查其外语课堂愉悦情绪的发展趋势。

第二节 研究问题

本研究拟回答如下两个问题：
1）农村地区高中生外语课堂焦虑和愉悦的影响因素有哪些？
2）农村地区高中生外语课堂焦虑和愉悦情绪的发展变化趋势是什么？

第三节 方法论

一、被试

焦虑和愉悦影响因素研究被试由56个来自中国南方省份某校的高一至高三年级学生组成。高一学生有21人，男生15人，女生6人（13人报告焦虑影响因素；12人报告愉悦影响因素）。其中，15岁被试7人，16岁被试9人，17岁被试4人（1名被试未提供年龄信息）。另外，这些学生的英语学习时限长短不等，最短约4年，最长约8年，平均约为6年。高二学生有18人，男生10人，女生8人（12人报告焦虑影响因素；11人报告愉悦影响因素）。其中，16岁被试3人，17岁被试8人，18岁被试6人（1名被试未提供年龄信息）。这些学生最短英语学习时限约5年，最长约14年，平均约为9.5年。高三学生有17人，男生9人，女生8人（12人报告焦虑影响因素；11人报告愉悦影响因素）。其中，17岁被试4人，18岁被试8人，19岁被试4人（1名被试未提供年龄信息）。这些学生最短英语学习时限约3年，最长约11年，平均约为7年。

愉悦情绪发展趋势研究被试由16个来自中国南方某省某校的高二年级学生组成，其中男生15人，女生1人。被试平均年龄约17岁，其中16岁被试3人，17岁被试9人，18岁被试4人。这些学生的英语学习时限长短不一，最短约 1 年，最长约 11 年，平均约为 6.5 年（1 人未提供英语学习时限信息）。

焦虑情绪发展趋势研究被试由 15 个来自中国南方某省某校的高二年级学生组成，其中男生 14 人，女生 1 人。被试平均年龄约为 17 岁，其中 16 岁被试 5 人，17 岁被试 10 人。这些学生最短英语学习时限约为 5 年，最长约 11 年，平均约为 8 年。

在如下的行文中，被试给了相应的编号，仅仅是为了叙述的方便以及保护被试的隐私。

二、数据收集过程

焦虑和愉悦情绪影响因素调查研究以开放式问卷展开。通过问卷调查后确定的焦虑和愉悦情绪较高的学生回答了开放式问卷中的如下问题：您认为英语学习过程中的哪些因素使得你感到焦虑/愉悦？请从不同角度详细阐述。

焦虑和愉悦情绪发展趋势调查研究也是以开放式问卷展开。问题表述如下：假设在英语课堂上的焦虑/愉悦程度最低为 0 分，最高为 100 分，您认为 0～100 区间内的哪个数字最能代表您在如下阶段（高一上学期、高一下学期、高二上学期、高二下学期）英语课堂上整体感受到的焦虑/愉悦，并详细解释相较于上阶段焦虑/愉悦变化的原因。为了不占用任课老师上课时间，问卷于晚修时间随机发放，隔天晚修时间回收问卷。在问卷发放前，就本研究的目的做了简短的说明，并告知被试他/她们填写的内容仅仅出于研究需要，不影响其外语成绩。该调查共发放纸质版问卷 41 份。其中愉悦问卷表 20 份，焦虑问卷表 21 份。收回有效问卷 31 份，其中愉悦问卷表 16 份，焦虑问卷表 15 份。

三、数据分析

焦虑和愉悦情绪影响因素的梳理参考了扎根理论研究方法。首先将被试陈述中与外语课堂焦虑和愉悦影响因素有关的内容摘录出来，然后将具有相同属性的内容归入同一类别中。焦虑和愉悦发展趋势研究主要是将被试对自己不同阶段的焦虑和愉悦情绪自评值放入 EXCEL 表中生成课堂焦虑和愉悦历时发展趋势图。

第四节　结果

一、外语课堂焦虑影响因素

在本研究中，被试陈述的影响外语课堂焦虑情绪的因素与词汇/语法学习和应用、英语水平、语言技能、教师授课、英语学习兴趣、学习者外部压力等有关。

（一）与词汇相关因素

总结起来，与单词相关因素主要包括如下几个方面：1）词汇记忆困难；2）单词拼读困难；3）不理解单词意思；4）词汇量不足；5）词汇记忆压力；6）词汇运用困难；7）词汇遗忘。被试对每个方面的具体陈述见表1。

第四章 外语课堂焦虑和愉悦影响因素及其发展趋势调查研究

表 1 与词汇相关维度及其例证

分类项	被试原述例证
词汇记忆困难	虽然也很想学英语，但是每次记英语单词过两天就忘了（高一 21 号被试）
	在记单词方面（高一 17 号被试）
	我认为英语学习过程中的影响因素主要是自身，原因就几个单词，而我却往往记不住……而一些口语单词，就死死挂在嘴边，也在耳边听到。如果我多次口读可能会记住（高一 8 号被试）
	我背单词的时候经常是今天背，明天就会忘记（高二 16 号被试）
	单词记多会忘记；前面记的很难巩固（高二 11 号被试）
	单词总是记了又忘（高二 10 号被试）
	单词记不住，常常因为自己记不住单词而感到厌烦。昨天才记的单词，今天就忘了，特别是在英语课上，老师说今天要听写，我感到心慌，在听写单词的过程中老是忘记一些字母或者单词意思而感到厌烦，从而感到焦虑（高二 17 号被试）
	英语单词记过就忘（高二 4 号被试）
	背过的单词背了又忘，在阅读过程中看见很熟悉的单词却想不起来意思（高三 29 号被试）
	记不住英语单词（高三 37 号被试）
	经常记不起单词或单词意思（高三 28 号被试）
	背单词却看不到明显进步（高三 38 号被试）
	背不好单词；背单词的进度慢（高三 39 号被试）
	背了单词总是忘记……有些单词很类似，导致自己容易混淆而感到厌倦（高三 30 号被试）
	记英语单词时老是忘，一个都记不住（高三 36 号被试）
单词拼读困难	读 N 遍单词也不会自读（高一 6 号被试）
	我总是在学英语的时候，有的词能读但不能完整拼写，有的能拼写，但又不会读。有的不能写，也不会读，至少看见认识（高一 1 号被试）
	读错单词的音标（高三 28 号被试）
	很多单词不会读，只能根据字母来背（高三 30 号被试）
	单词不会读（高三 40 号被试）

167

续表

分类项	被试原述例证
不理解单词意思	我在学习英语的过程中，在英语课上不能理解单词的意思，不能读懂短语的意思（高一10号被试）
	看到许多不认识的英语单词而无奈（高二4号被试）
	看不懂单词意思（高三28号被试）
	做题阅读时看到不懂意思的单词时会焦虑……不懂意思，导致句子无法翻译，会丧失、打击继续阅读的信心（高三40号被试）
词汇量不足	因为我自身的词汇量不够（高二13号被试）
	词汇量积累少（高二14号被试）
	单词量的限制（高三33号被试）
	单词量少（高三30号和39号被试）
词汇记忆压力	感觉词汇量太多了，不知从何背起（高三30号被试）
词汇运用困难	不懂得单词怎么与介词搭配；有时候记住了单词却不能翻译出来意思（高三30号被试）
词汇遗忘	背了单词或短语经常不使用而导致忘记（高三30号被试）

（二）与英语水平相关因素

与英语水平相关因素主要体现在英语基础差，具体例证见表2。

表2 与英语水平相关维度及其例证

分类项	被试原述例证
英语基础差	基础不好，上课听不懂所以感到焦虑（高二1号被试）
	英语基础过于薄弱（高二4号被试）
	从小英语基础不好（高二9号被试）
	英语基础差（高二14号被试）
	基础差（高三33号被试）

（三）与教师授课相关因素

与教师授课相关因素主要体现在两个方面：一是听不懂授课内容，二是跟不上授课节奏。这些具体与教师授课有关的维度及其例证详见表3。

表3 与教师授课相关维度及其例证

分类项	被试原述例证
听不懂授课内容	听不懂、听不会（高一3号被试）
	老师上课听不懂、老师在讲解时也听得很困难（高一6号被试）
	我认为英语学不好的自身因素主要是上课听不懂老师在讲什么，听着听着觉得好像听天书一样（高一19号被试）
	上课老师说的也听不懂（高一21号被试）
	上课老师讲的完全听不懂（高二1号被试）
	上课不专心听不懂（高二6号被试）
	课堂上老师讲的完全听不懂（高二9号被试）
	老师上课讲的内容不能马上领悟，不明白在老师讲什么（高二11号被试）
	上英语课的时候，老师讲的内容我不理解（高二10号被试）
	在学习英语的过程中，不明白老师在讲什么时，我会感到害怕（高二13号被试）
	上课时老师用英语讲课，我听不懂（高二16号被试）
	不知道老师在讲什么（高三30号被试）
	在之前的学习阶段中，初中也许还会有一点点听得懂的，但随着后面的学习越来越松懈，也就渐渐放弃了（高三31号被试）
	老师讲的听不懂；老师上课全英语授课听不懂（高三33号被试）
	老师讲课时我都听不懂……还有老师讲课时用的各种名词，我都听不懂是什么意思（高三36号被试）
	听不懂英语课，因为从小英语不好就没有兴趣（高三37号被试）

续表

分类项	被试原述例证
听不懂授课内容	老师上课说英文自己却一句都听不懂（高三38号被试）
	上课听不懂（高三39号被试）
	上课时英语老师讲知识点不理解，没听懂时会焦虑（高三40号被试）
跟不上授课节奏	上课时跟不上老师的节奏（高三30号被试）
	老师讲得太快、跟不上（高三33号被试）

（四）与学习兴趣相关因素

与学习兴趣相关因素主要体现在两个方面。一方面为对英语课不感兴趣，另一方面为对英语学习不感兴趣。具体例证见表4。

表4 与学习兴趣相关维度及其例证

分类项	被试原述例证
对英语课没兴趣	学也学不会，听课听着听着就睡着了（高一5号被试）
	在听课的过程中常常感到无聊，不能提起兴趣来学英语，感到十分困惑（高一10号被试）
	老师所讲的并没有太大吸引力，并不感兴趣（高二5号被试）
对英语学习没兴趣	慢慢地对英语失去了兴趣（高一21号被试）
	对英语一直无法提起努力学习的兴趣，对其他学科的兴趣更高于英语（高二4号被试）
	对英语的兴趣不高（高二18号被试）
	对英语的兴趣不够，没有认真听讲（高三34号被试）
	从小英语不好就没有兴趣（高三37号被试）
	遇到较长的文章会没有阅读的兴趣（高三40号被试）
	老师在我们英语这方面管得没有太严，所以导致自己对英语不是那么感兴趣（高三42号被试）

（五）与语法相关因素

语法相关因素主要包括两个方面。一是语法学习困难；二是语法应用困难。具体例证见表5。

表5 与语法相关维度及其例证

分类项	被试原述例证
语法学习困难	句型总是吃不透（高三28被试）
语法应用困难	最重要的是语法难以在考试中应用（高一17号被试）
	很难掌握语法并很难将其应用到作文中（高二11号被试）
	分析语法成分错误（高三28号被试）

（六）与语言技能相关因素

与语言技能相关因素主要包括五个方面，即与口语、听力、阅读、写作和发音相关方面。具体例证见表6。

表6 与语言技能相关维度及其例证

分类项	被试原述例证
与口语相关因素	……还有口语。虽然老师多次教我们读但我往往只会对口型（高一8号被试）
	不会讲通顺的英语，口语表达不通顺（高二11号被试）
	口语表达不好（高三33号被试）
与听力相关因素	听力不会（高二14号被试）
	听力听不好（高三39号被试）
与阅读相关因素	阅读训练量少，缺少文化背景知识（高二10号被试）
	阅读看不懂（高二14号被试）
	不懂读（高二6号被试）

续表

分类项	被试原述例证
与写作相关因素	作文不会写（高二11号被试）
	不会英文写作（高二6号被试）
与发音相关因素	日常英语交流少，发音不标准（高二10号被试）
	发音不标准（高二13号被试）
	我英语发音不标准，我上课从不敢开口回答老师的问题（高二16号被试）
	发音不标准（高二17号被试）

（七）与外部压力相关因素

与外部压力有关因素涉及教师、同伴和家人。这些具体与外部压力有关的维度及其例证详见表7。

表7 与外部压力相关维度及其例证

分类项	被试原述例证
与同伴有关因素	有点怕同学嘲笑我的英语水平（高二4号被试）
	站起来回答问题时，总是担心自己被同学笑话（高二13号被试）
	发音问题不行，怕被同学嘲笑（高二14号被试）
	我害怕回答不对，同学们会嘲笑我（高二16号被试）
	发音不标准，常常因为自己的发音不标准而被同学嘲笑，一直以来都喜欢英语，但是有一次在上初中时读了一段英语后发音不标准被嘲笑，后来就不想再开口说英语，为此感到焦虑。我如此害怕犯错误，如果犯了错误就会处于一种尴尬境地（高二17号被试）
	看到别的同学成绩考得好，自己会感到心情低落，而自己却不懂得该怎么提高成绩（高三30号被试）
	在竞争差距中产生的自卑。大部分虽然和自己的基础一样，相对而言还有一小部分的学生基础比自己好，自己也想在外语方面有点小成就，但在长期学习环境中和竞争的差距中，就会产生焦虑心理（高三31号被试）

续表

分类项	被试原述例证
与老师有关因素	老师叫起来回答问题，怕回答不上来，语法不对，没有准确的答案，让我心中感到不安（高二14号被试）
	害怕回答老师的问题，害怕被老师点名（高二17号被试）
	当老师叫回答问题或读英语单词就会出现焦虑的症状，用英语交流的时候经常会感到不安（高二18号被试）
与家人有关因素	家人的不解让我对英语无从下手（高二4号被试）
	过度担心自己学习成绩不好会愧对家人，从而导致过度的焦虑（高二18号被试）

（八）其他因素

与其他因素相关，如学习气氛不足、学习时间缺乏等，具体例证见表8。

表8 外语课堂焦虑其他影响因素及其例证

分类项	被试原述例证
学习气氛不足	没有很好的英语学习氛围，使自己感到焦虑（高三42号被试）
	在学习英语时没有良好的学习氛围环境（高三34号被试）
学习时间缺乏	没有花时间背英语单词短语及作文会感到焦虑（高三40号被试）
学习方法不掌握	听不懂、不会听（高一3号被试）
	没有找到合适自己的学习英语的方法（高三34号被试）
记忆困难	背一个段落的时间很长但仍然背不下来的时候感到焦虑（高三29号被试）
	记忆力不好，刚背就忘记（高三33号被试）
与教师授课过程相关因素	教学过程中没有对学生进行适当辅导，进行互动交流式的教学以提高学生学习信心、增强学习效果，从而导致难以适应，产生孤独感，渐渐导致过度的英语学习焦虑（高二18号被试）

续表

分类项	被试原述例证
与对英语态度相关因素	对英语的重视度很低（高二1号和9号被试）
	自身的因素占大多数，大多数时候对英语都是三分钟热情，坚持不下去，常常背到一半就忘了（高三29号被试）
与学习能力有关因素	总感觉学不好，力不从心（高三33号被试）
对外语和外语学习恐惧	语言焦虑、英语学习焦虑（高一9号被试）
对外语测试恐惧	测试焦虑（高一9号被试）

二、外语课堂愉悦影响因素

通过梳理被试的自述可知外语课堂愉悦情绪主要受如下因素的影响：1）学习者的语言能力；2）教师的学术和情感支持、教师专业水平、教师的授课风格、教师个性、教师授课方式、教师教学态度和教师授课内容；3）父母情感支持；4）同伴支持；5）课堂气氛；6）学习者课堂表现；7）学习者心理状态；8）授课内容接受情况；9）词汇学习；10）对英语学习的态度；11）测试过程和结果。具体例证详见表9—表11。

（一）与语言能力相关因素

表9 与语言能力相关维度及其例证

分类项	被试原述例证
口语	能讲一句完整句子（高一21号被试）
	跟同学们之间互相交流和讨论，使我感到愉悦（高二7号被试）
	在做一件事时，能用英语说出它；能流利地用英语和别人交流（高三30号被试）

续表

分类项	被试原述例证
口语	可以和外国人交流，可以畅所欲言地说自己想表达的英文意思（高三32号被试）
	用英语进行对话；用英语代替中文描述某些物品（高三34号被试）
	用英语讲有趣的小故事（高三42号被试）
听力	一次让我在电视里听懂了英语，这让我非常开心（高一8号被试）
翻译	当我阅读一篇英语文章，能够将它翻译的时候，会使我感到愉悦（高三29号被试）
	能翻译出完整的一句话（高三30号被试）
	翻译让我感到心情愉悦（高三42号被试）
阅读	在阅读时能看懂单词（高三30号被试）
写作	自己能大概并完整的完成一整篇作文（高三30号被试）
朗读	用英文把课文阅读出来（高三34号被试）
背诵	当我阅读一篇英文文章，能够将它背诵的时候，会使我感到愉悦（高三29号被试）

（二）与教师相关因素

表10　与教师相关维度及其例证

分类项	被试原述例证
教师学术支持	英语课上老师带读单词或作文短文，我特别喜欢跟读；在英语课上，正在写自己不会写的题目时，老师突然给出中文意思，一下就领悟了，英语课上没有什么比这更值得开心愉悦的了（高一6号被试）
	教我们用英语认识一些有趣的物品，读音标；教我们容易记的单词（高一8号被试）
	老师教会如何快速记单词（高三34号被试）

续表

分类项	被试原述例证
教师情感支持	老师会慢慢有耐心地教我们；老师鼓励我们（高一8号被试）
	英语老师和蔼可亲，所以在学习时会感到愉悦；英语老师乐于提供情感或者其他方面的帮助（高三37号被试）
	老师平易近人，对待同学一视同仁（高三30号被试）
	老师的激励。我想不管是学习的同学还是不学习的同学，每个人都有想要被人鼓励的想法，特别是老师，也许在一些人眼中这没有什么，但在一些人眼中，老师的这一点鼓励就是他学习的动力。（高三31号被试）
	得到老师赞扬的时候（高三32号被试）
教师专业水平	教师的专业水平高是影响我学习英语的主要因素（高一8号被试）
教师授课风格	老师上课很幽默（高二1号被试）
	老师讲课幽默风趣，英语老师给我带来了满足感（高二2号被试）
	遇到一个幽默的英语老师，我觉得这点是比较重要的。一个幽默的老师往往能带动全班的学习气氛，使沉闷变为活跃，从而使我们更加地喜欢英语（高二15号被试）
教师个性	遇到一个情商高和有亲和力的英语老师，能促进学生与老师的互动交流，能够使学生与老师的情感关系更亲近。若学生很喜欢这个老师，必定会在学习上有所增进，也会变得积极和主动，这样更能感到学习的愉悦，还能使学生与老师成为朋友关系（高二15号被试）
教师授课方式	在学习口语中，老师会利用单词口语给我们讲有趣的话。这让我对英语学习有兴趣（高一8号被试）
	学习有记得以前老师上课为了要我们能够爱上英语就会给我们玩抢答游戏，在玩游戏过程当中，虽然不懂，但会让懂的同学教你，然后你会所学内容印象深刻（高一21号被试）
	英语游戏特别有趣（高二2号被试）
	英语游戏十分有趣（高二3号被试）
	老师交流式的教学（高二3号被试）
	中间所讲的小故事，会使课堂活跃起来，同时也减少许多学习压力（高二5号被试）

续表

分类项	被试原述例证
教师授课方式	上课的时候老师有时候会给我们讲故事，这可能是我上英语课时唯一感到愉悦的时刻（高二16号被试）
	英语课上会穿插一些有趣的事（高三37号被试）
教师教学态度	老师每次有他的课时，都来得很快，很有时间观念（高三35号被试）
教师授课内容	每当老师给我们放英语视频的时候，里面的内容都特别有意思（高一6号被试）
	老师在讲阅读时我觉得很有趣，因为阅读的内容都是在讲一些名人事迹和一些宏大的景观。我觉得很有趣，也很开心（高一12号被试）
	课上老师讲到一篇文章的时候，我觉得很有趣，因为一篇短文或文章的内容，差不多都与我们的生活有关。老师讲课时能从中学习到新的知识点，或道理，或新的生活常识，这会使我们感到愉悦（高一15号被试）
	上课时，讲到有趣的内容，自己会很认真地去学；讲课时每次讲到有关大学的趣事，也对同学们讲上大学的好处（高三35号被试）
	遇到自己喜欢的内容（高三44号被试）

（三）其他因素

表11 其他因素及其例证

分类项	被试原述例证
父母情感支持	英语取得好成绩，得到父母的认可时（高三32号被试）
同伴支持	课堂上，同学们有很多欢笑；同学们有共同的谈资，常常说一些笑话（高二1号被试）
课堂气氛	喜欢英语学习的氛围（高二2号被试）
	教室里的学习氛围很好（高二3号被试）
	班级的学习氛围良好，学生与学生之间的谦虚请教与接受，上英语课的时候，同学们都在认真听讲、认真做笔记。同学们也会互相请教，从以前的点名提问到现在的毛遂自荐，从以前的沉默寡言到现在的积极发言，这是班里每位同学共同营造的。这种良好的班级氛围，使我在学习英语的过程中不会感到枯燥，反而学习热情高涨（高二18号被试）

续表

分类项	被试原述例证
课堂表现	上课能积极回答问题（高一13号被试）
	在上课时，能跟紧老师的讲课节奏，能听懂老师的解析（高三30号被试）
心理状态	我听不懂，所以没有什么心理压力，因此上英语课时没什么负担（高一14号被试）
接受授课内容	老师讲的内容我能听得懂（高一21号被试）
词汇学习	在学习某些单词时，会使我感到开心（高一4号被试）
	说英语单词使我快乐（高一21号被试）
对英语学习的态度	学习英语使我感到快乐（高三43号被试）
测试过程与结果	在考试的过程中，老师教的技巧能够用得上（高三29号被试）
	正确选出关键词并选出正确答案（高三30号被试）
	学习英语使我感到快乐，特别是做听力和阅读理解的时候（高三43号被试）
	对英语考试发下试卷得分高而感到开心（高三42号被试）
	在听听力时，得到较高的分数；英语作文能得到不错的分数（高三34号被试）
	听力得到满分时，英语是美好的，学习可以使我自信从容（高三32号被试）

三、外语课堂焦虑和愉悦发展趋势

（一）外语课堂焦虑发展趋势

外语课堂焦虑情绪的发展变化趋势总的来说可以归为如下几类：1）下降型趋势；2）上升型趋势；3）先升后降型趋势；4）稳定—上升型趋势；5）稳定型趋势。

4名被试的外语课堂焦虑水平在两年时间里呈现出下降趋势（图1—图4）。4号被试认为其外语课堂焦虑得以缓解的原因在于词汇量的增加以及感觉到英语各方面都有所提高。9号被试感觉到自己的英语基础越来越扎实，并慢慢地适应和接受英语学习。16号被试觉得自己越来越喜欢英语这门课程。18号被试所阐述的理由比较负面，比如，他认为自己的英语成绩拉低了总成绩，最后对英语学习不再抱有希望。

下降型趋势

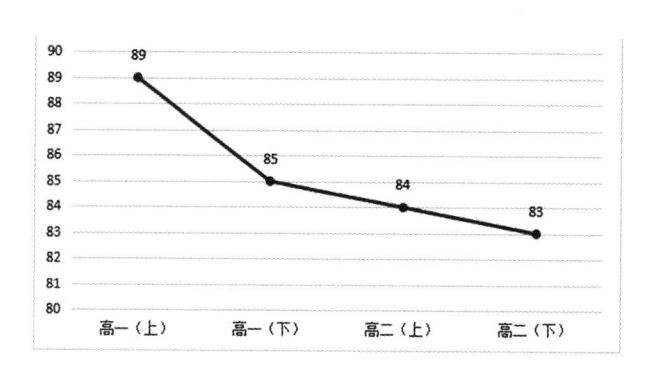

图1 4号被试焦虑发展趋势图

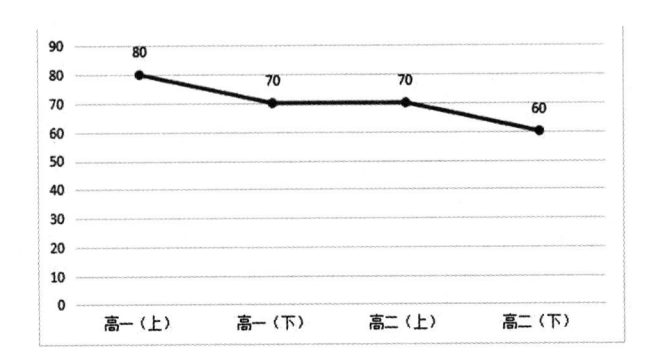

图2 9号被试焦虑发展趋势图

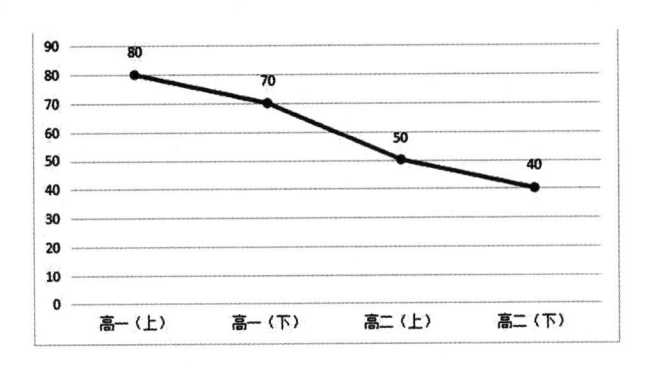

图3 16号被试焦虑发展趋势图

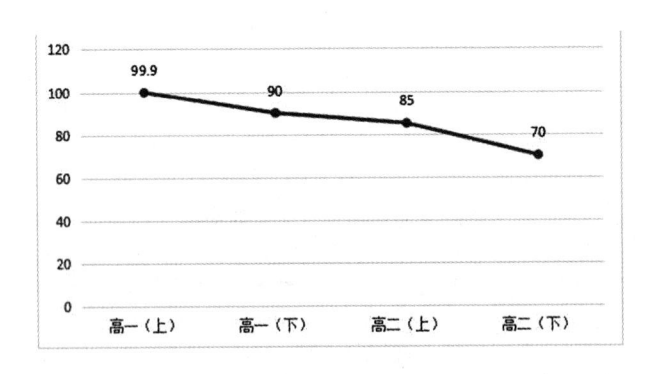

图4 18号被试焦虑发展趋势图

5名被试的外语课堂焦虑水平在高一至高二两年四个学期的时间内呈现出逐步上升的趋势（图5—图9）。5号被试认为高一年级上学期的时候原本没有什么焦虑，但是由于高一下学期班级有些调整，自己又当选了课代表，所以感觉到自己的焦虑情绪显著增强。高二上学期相较于高一下学期焦虑增强的原因在于需要学习的英语词汇量增加、考试难度加大。高二下学期相较于高二上学期焦虑情绪增强是因为在高二下学期的学习过程中感觉到自己没有方向和动机，学习的动力缺失。

上升型趋势

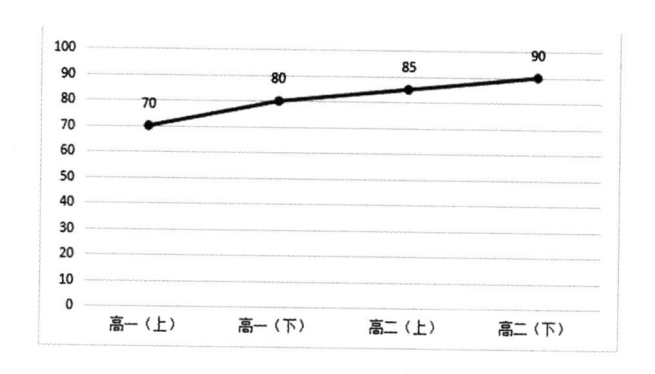

图5　5号被试焦虑发展趋势图

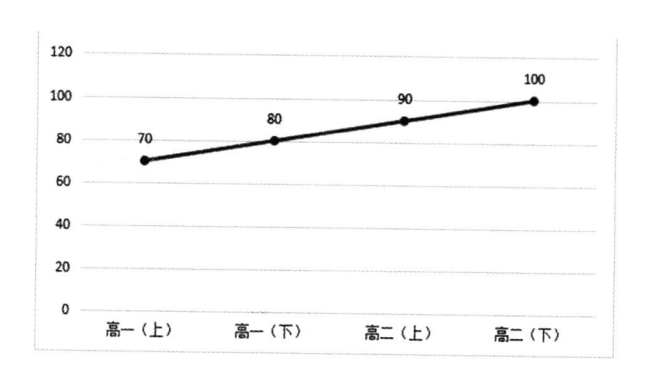

图6　11号被试焦虑发展趋势图

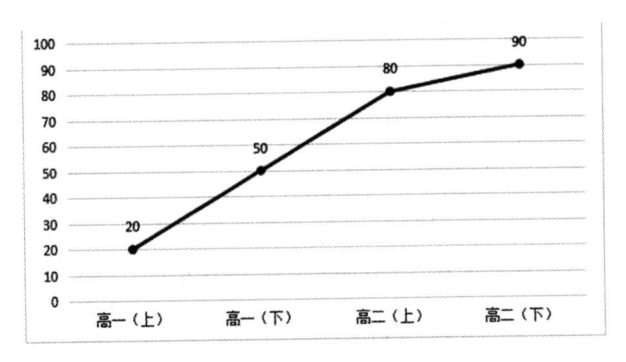

图7　13号被试焦虑发展趋势图

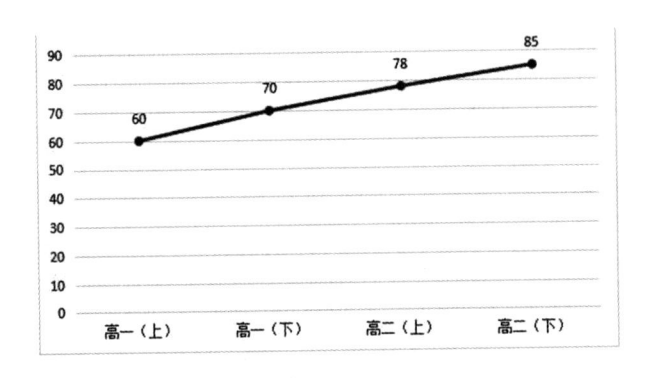

图8　17号被试焦虑发展趋势图

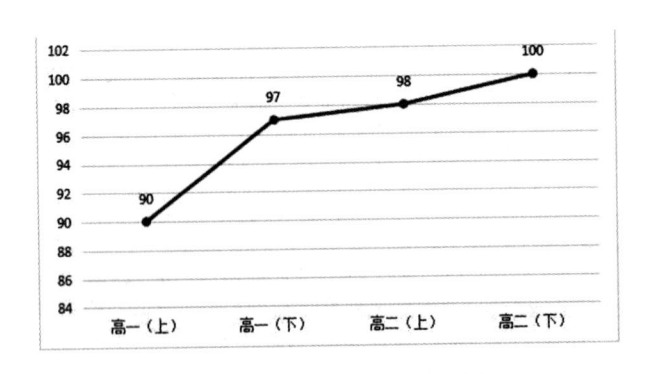

图9　19号被试焦虑发展趋势图

11号被试觉得自己在高一下学期对英语成绩在高考中的作用有越来越清晰的认识后,压力变得非常大,但是这些压力又无法转变为动力。该被试还认为自己的英语基础太差,在英语学习方面存在惰性心理。对于为什么高二(上)比高一(下)焦虑情绪有所增强,该名被试解释道:"现在已是高二,今年一结束高三便开始,压力真正转化为动力,开始有计划的背单词。但是呢,总是无缘无故地就停背,就导致看似背了很久,英语却毫无长进的这种表象,说白了就是怕考不好,却仍然不够努力,课堂听之乏味,想学却不知除了背单词,还可以从哪里开始,焦虑感与日俱增。"而对于高二下学期比高二上学期焦虑感有所增强的原因,该被试阐述道:"现在心态很糟,还有一年多就高考,基础差,成绩差,努力程度不够,完全不知道该怎么办,对英语学习迷茫了。同时,老师上课方式过于平淡,没有激情,没有动力,但是高考越来越近,达到一个理想分数越来越难,从而感到十分焦虑。"

13号被试之所以高一(下)比高一(上)焦虑有所提升是因为上课听不懂,背单词的效率不佳。高二(上)相较于高一(下),以及高二(下)相较于高二(上)焦虑度增强是因为高考临近但自己的英语水平没有太大的提高。

17号被试不了解有效的英语学习方法,所以即使努力了,成绩也没改善,因此高一(下)比高一(上)焦虑感增强。对于高二(上)比高一(下)焦虑增强的原因,该被试认为主要是因为自己怎么学都没有进步。而且,随着课程的深入,内容越来越难以理解。该被试高二(下)相较于高二(上)焦虑之所以变得更强烈是因为虽然一直很努力学英语,但是成绩却提不上来。还有一年快要高考,而感到很着急。19号被试觉得听不懂老师的英语是自己焦虑增强的原因之一。

3名被试的外语课堂焦虑呈现出先升后降的特点(图10—图12)。对于高一下学期比高一上学期焦虑感增强,3号被试解释道:"自己本来就不懂,现在越学越难,自己跟不上。"高二上学期开始,该被试觉得自己对英语学习感到习惯了，也有一些收获，所以这个学期的焦虑感比高一下学期有所缓解。高二下学期焦虑感之所以持续下降，主要是因为该被试的心态变得释然了："反正也很难救了，努力学吧！反正考得好不好也在掌握之中，考不好又有什么办法呢？"

先升后降型趋势

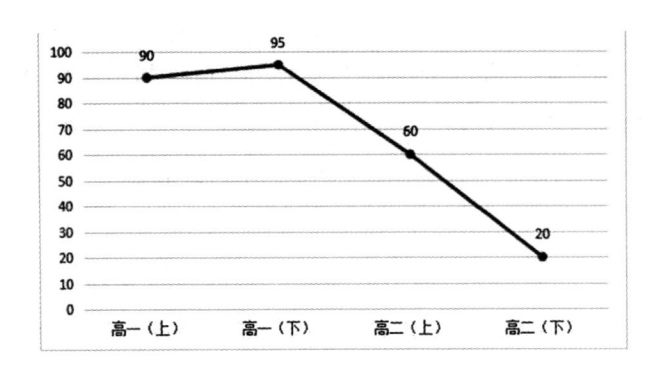

图 10　3 号被试焦虑发展趋势图

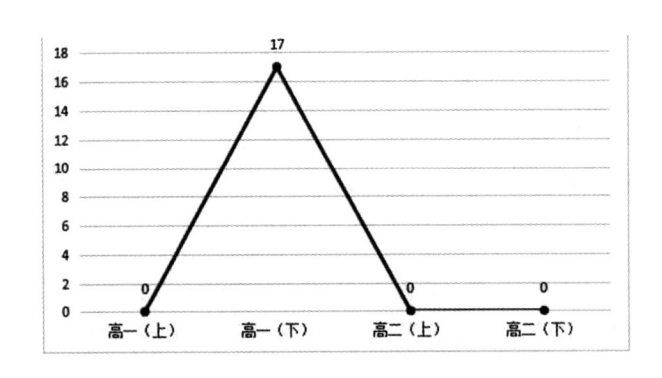

图 11　6 号被试焦虑发展趋势图

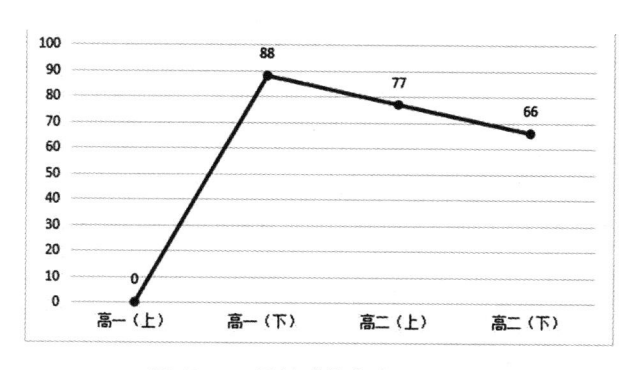

<<< 第四章 外语课堂焦虑和愉悦影响因素及其发展趋势调查研究

图12 20号被试焦虑发展趋势图

6号被试无法跟上课程节奏，上课精神无法集中，对英语的兴趣开始减少，自己不够自信，所以高一下学期比高一上学期的焦虑程度有所增强。当找回自信并且对英语学习有兴趣后，该名被试高二（上）比高一（下）的焦虑有所缓解。之所以高二（下）比高二（上）的焦虑进一步下降是因为该被试觉得每节课都有很大的收获，这让他感到满足，从而对英语的态度从有兴趣变成了喜爱。

20号被试之所以高一下学期比高一上学期的焦虑有所增强是因为换了新老师，对老师的授课风格不太适应，加之自己的基础比较薄弱。对于为什么高二上学期相较于高一下学期的焦虑度有所缓解，该被试认为主要是由于自己背了一些单词，找回了自信，以及对老师的授课风格也更为了解。高二（下）相较于高二（上）焦虑下降主要是因为上课节奏加快、进入复习阶段。

两名被试的外语课堂焦虑呈现出先保持平稳然后又上升的趋势（图13—图14）。8号被试高一上学期和高一下学期根本不学习英语，所以其外语课堂焦虑没有任何的变化。到了高二上学期该被试意识到学习英语的重要性，开始学习英语，其课堂焦虑相应的增强了。高二下学期之所以比高二上学期的焦虑感更强，主要是因为该被试将英语成绩与高考的结果联系起来，意识到了英语在高考中的重要性。

稳定—上升型趋势

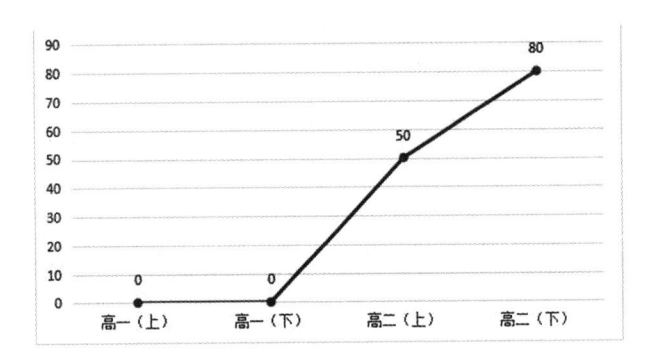

图 13　8 号被试焦虑发展趋势图

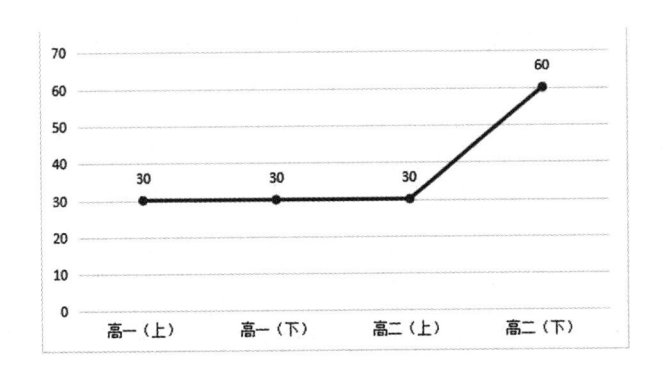

图 14　12 号被试焦虑发展趋势图

　　12 号被试之所以从高一开始直至高二上学期的焦虑水平没有任何变化是因为他一直认为自己的词汇量比较少，完形填空得分少。高二下学期比高二上学期的焦虑程度有所增强是因为即将到来的高三第一场英语考试，以及自己对高中英语语法和单词掌握不熟练，不能很好地应对完形填空题。
　　一名被试的外语课堂焦虑在过去的高一至高二两年时间内没有任何的变化，而且几乎处于无焦虑的情况（图 15）。这名被试觉得英语挺有意思，老师很耐心地给与辅导，但是就是学不会。或许是因为对自己英语学习状况的坦然使得该被试未经历比较强烈的焦虑情绪。

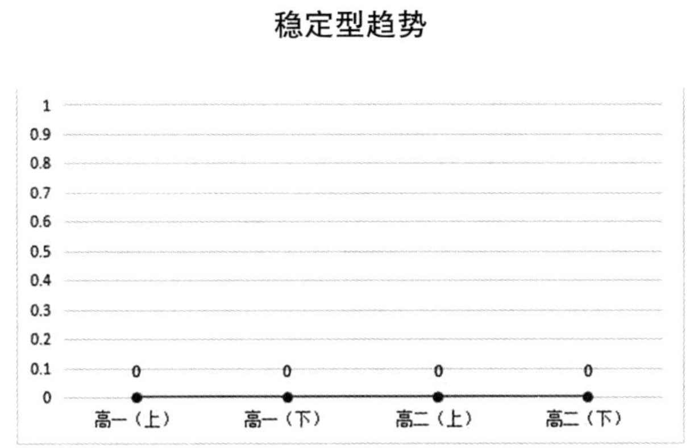

稳定型趋势

图15 7号被试焦虑发展趋势图

（二）外语课堂愉悦发展趋势

该研究中被试的外语课堂愉悦情绪在高一和高二两年共四个学期时间里呈现出几种不同的发展趋势，具体包括：1）下降型趋势；2）上升型趋势；3）稳定型趋势；4）稳定—上升型趋势；5）稳定—上升—下降型趋势；6）先升后降型趋势；7）上升—下降—上升型趋势。

两名被试的外语课堂愉悦情绪在高一至高二期间呈现出持续下降的趋势（图16—图17）。1号被试之所以在高一下学期比高一上学期更不享受英语课堂是因为自己听不懂，所以不想学。高二下学期比高二上学期课堂愉悦感又再次下降，该被试将原因归于英语课堂毫无趣味，从而感到厌烦，到最后彻底放弃了。

引发5号被试外语课堂愉悦情绪持续下降的原因包括自己对英语学习持排斥的态度，对英语学习感到焦虑。

下降型趋势

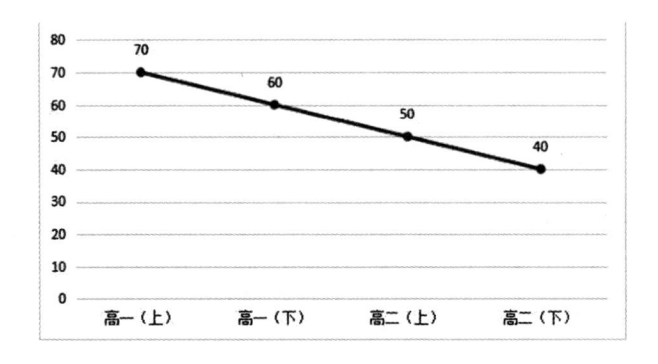

图 16　1 号被试愉悦发展趋势图

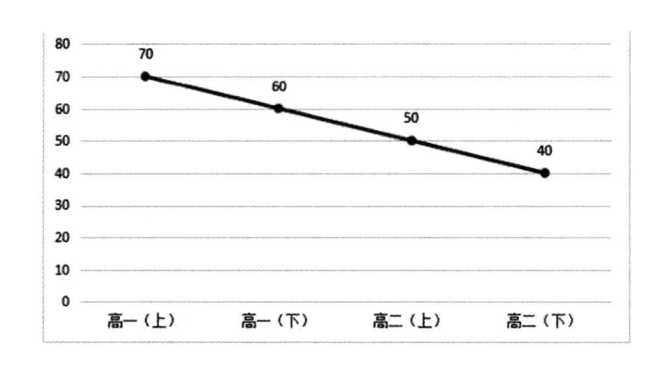

图 17　5 号被试愉悦发展趋势图

  6 名被试的外语课堂愉悦情绪呈现出上升趋势（图 18—图 23）。3 号被试高一下学期比高一上学期在外语课堂感受到更多愉悦的原因在于良好的课堂气氛，以及老师的敬业态度，使得自己更沉浸于课堂学习中。对于为什么高二上学期比高一下学期感受到更多的愉悦情绪，该被试解释道是因为英语学习时间变多，对英语学习更有计划性以及词汇量的增加。高二下学期与高二上学期之所以经历同样程度的课堂愉悦情绪是因为该被试词汇量的增加、背诵单词的速度提升、在实际生活中运用英语的能力提高。

<<< 第四章 外语课堂焦虑和愉悦影响因素及其发展趋势调查研究

上升型趋势

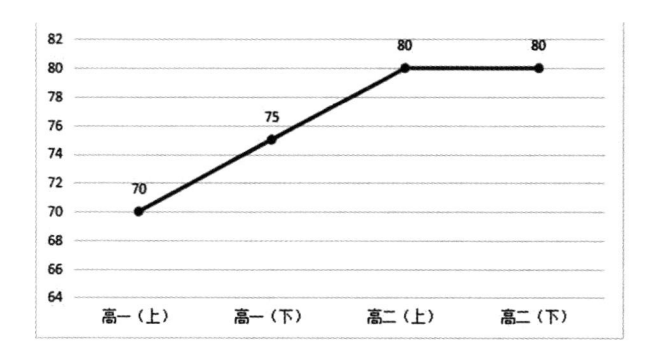

图 18 3 号被试愉悦发展趋势图

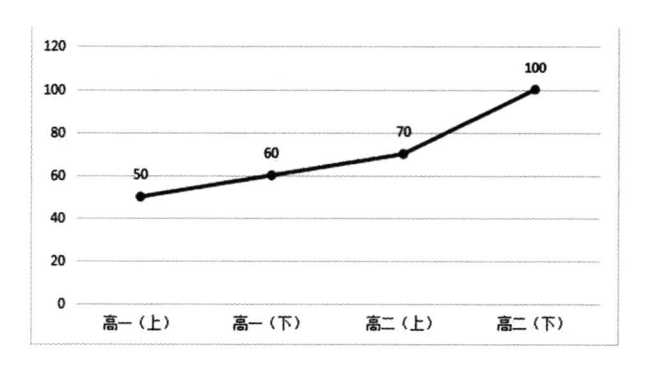

图 19 9 号被试愉悦发展趋势图

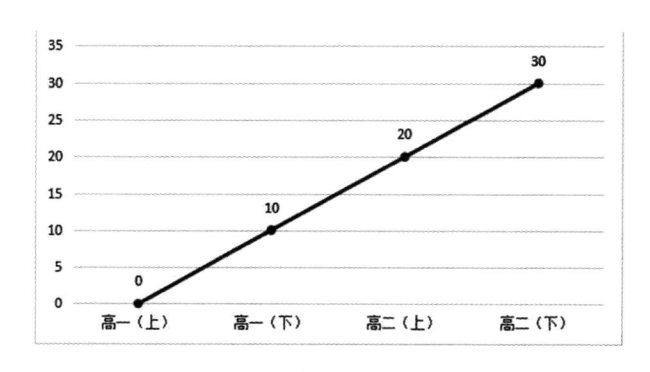

图 20 10 号被试愉悦发展趋势图

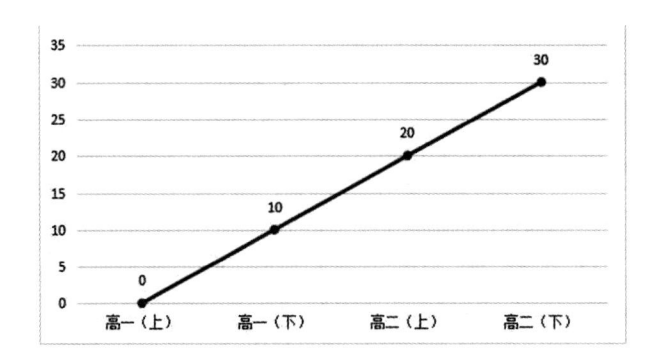

图 21　11 号被试愉悦发展趋势图

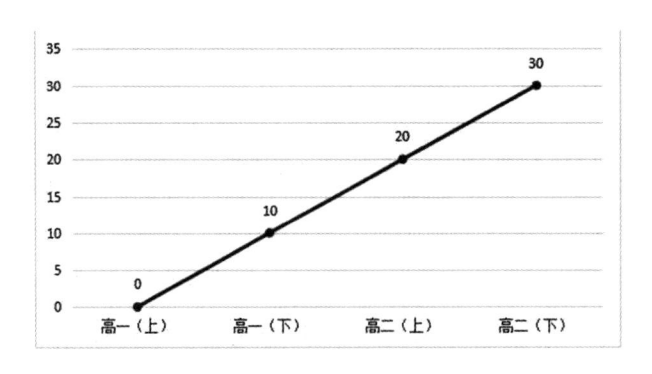

图 22　12 号被试愉悦发展趋势图

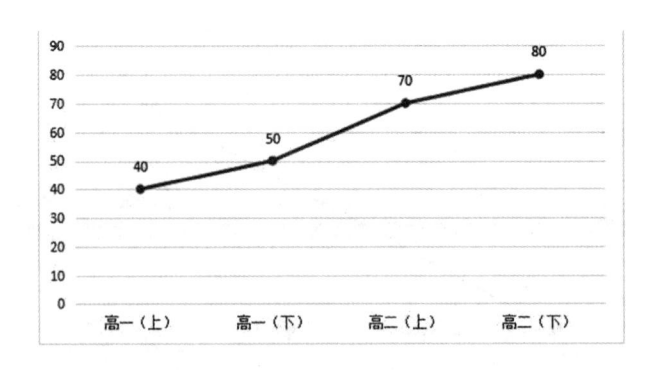

图 23　13 号被试愉悦发展趋势图

9号被试高一下学期比高一上学期从英语课堂上获得了更多的愉悦感源于他对英语课程态度的改善。高二上学期之所以比高一下学期的愉悦情绪加强是由于词汇量的增加，对课堂上老师的授课接受程度提高。高二下学期英语课堂愉悦情绪持续增强是因为老师授课有吸引力、课堂气氛活跃以及自己英语基础变得扎实。10号被试认为自己的英语课堂愉悦情绪持续增强是由于对英语的重要性有了新的认知、单词量增加，以及找到了英语学习方法。

11号被试认为高一下学期比高一上学期的课堂愉悦情绪有所提高是因为自己英语水平的提高以及对英语课程的态度变得更积极。高二（上）比高一（下）愉悦提升是因为词汇量增加、对老师的授课接受程度提高。高二（下）比高二（上）愉悦程度提升是因为课堂气氛变得活跃，自己的基础变得更加扎实。

12号被试从高一（下）到高二（下）课堂愉悦情绪持续增强的原因分别为对英语的重要性有了新的认识、词汇量增加和发现了英语学习的乐趣。

13号被试高一上学期英语课堂愉悦情绪不高是由于刚刚进入高中阶段，无法适应高中生活，但是到了高一下学期慢慢进入了状态，所以课堂愉悦感提高了。高二上学期比高一下学期的外语课堂愉悦情绪增强是因为自己适应了英语学习，摸索到了英语学习的方法，词汇量提升，对英语的兴趣提高了。高二（下）相较于高二（上）愉悦程度提升的部分原因是词汇量的增加。

两名被试的外语课堂愉悦情绪的强度在四个学期时间内没有变化（图24—图25）。4号被试在英语课堂上完全没有愉悦感。对于如此低的课堂愉悦情绪，该被试解释是由于上课听不懂老师的授课内容，自己学不会，最终放弃了。16号被试的愉悦情绪始终处于中等程度。该被试提及自己对英语没有兴趣，不喜欢老师的授课，觉得老师上课过于平淡，自己不感兴趣。

稳定性型趋势

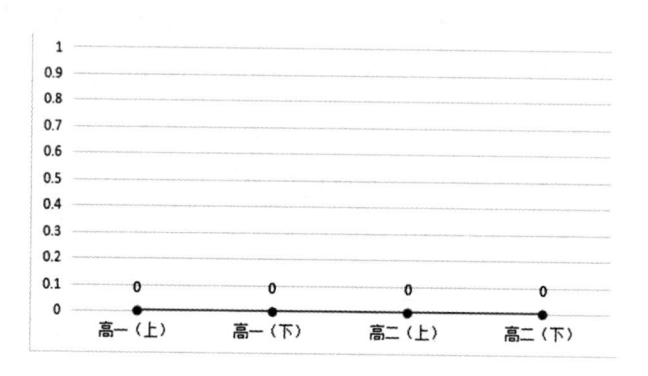

图 24　4 号被试愉悦发展趋势图

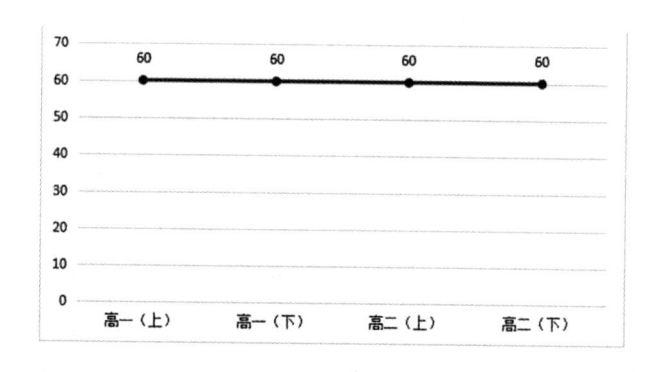

图 25　16 号被试愉悦发展趋势图

一名被试的外语课堂愉悦从高一（上）到高二（上）没有任何的变化，但是高二（下）相较于其他阶段有了明显的提升（图 26）。其背后的原因是出于高考的压力，需要深入学习英语，在这个过程中对英语学习的兴趣提高了。

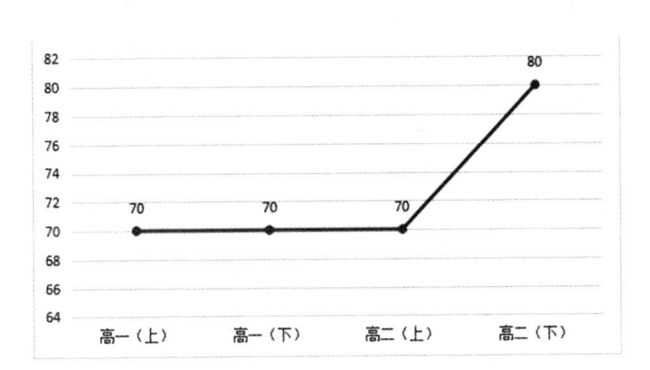

稳定—上升型趋势

图26　7号被试愉悦发展趋势图

两名被试的外语课堂愉悦情绪呈现出稳定—上升—下降的趋势（图27—图28）。2号被试高一上学期和下学期没有重视英语学习，所以其课堂愉悦情绪的程度在这两个学期没有变化。当他端正学习态度后，并在老师的积极授课态度感染下，该被试在高二上学期的课堂愉悦感有所增强。但是，愉悦情绪上升的势头并未在高二下学期得以延续，主要是因为该被试的成绩提不上来，感觉老师的态度有些冷漠。

稳定—上升—下降型趋势

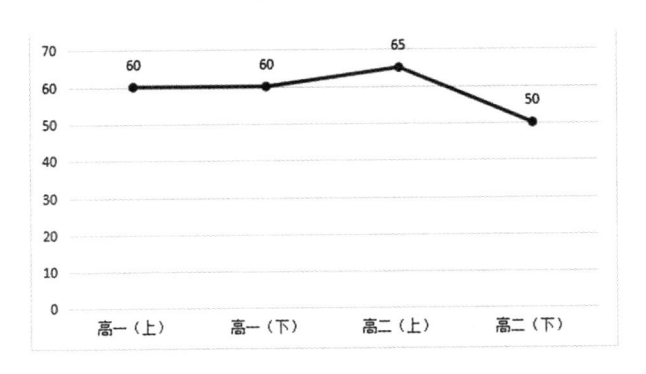

图27　2号被试愉悦发展趋势图

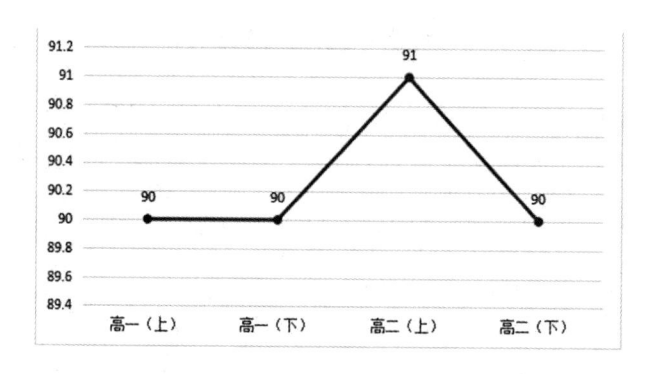

图 28　19 号被试愉悦发展趋势图

19 号被试高一上学期和高一下学期的课堂愉悦程度一样。高二上学期愉悦相较于之前阶段有了些许提升，部分原因在于接触了新老师。高二下学期愉悦感恢复到高一水平，部分原因是高考意识增强。

两名被试的外语课堂愉悦情绪呈先升后降的趋势（图 29—图 30）。6号被试愉悦情绪提升的原因主要是因为喜欢学习英语；愉悦情绪下降部分因为英语学习难度的增加，感觉到英语学习有挑战性。14 号被试愉悦情绪提升主要是因为觉得英语好学，兴趣越来越足。愉悦情绪下降部分因为学习难度增加、兴趣减弱。

先升后降型趋势

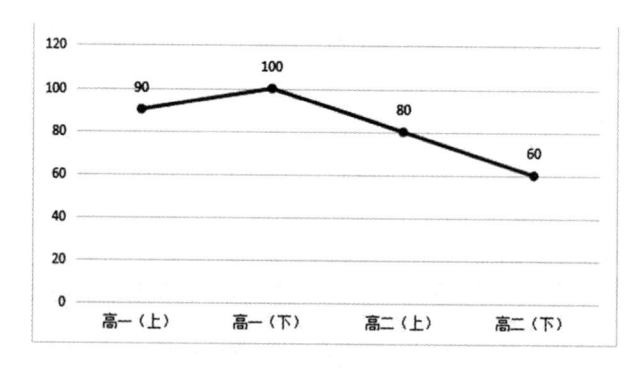

图 29　6 号被试愉悦发展趋势图

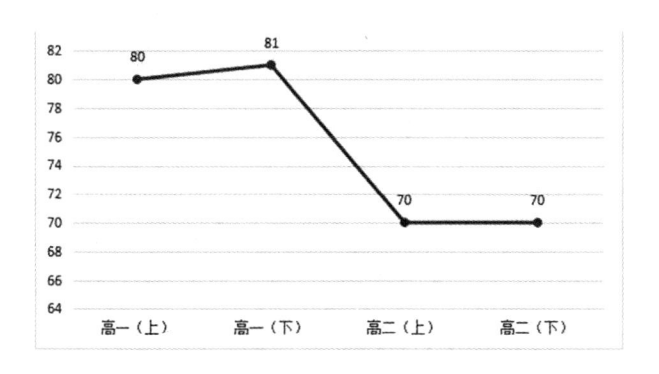

<<< 第四章　外语课堂焦虑和愉悦影响因素及其发展趋势调查研究

图 30　14 号被试愉悦发展趋势图

一名被试的外语课堂愉悦情绪呈上升—下降—上升型趋势（图 31）。8 号被试高一下学期比高一上学期的课堂愉悦情绪增强源于老师创造的活跃的课堂气氛和老师幽默的教学风格。高二上学期与高一下学期相比愉悦感减退主要是受学校环境和老师授课方式的影响。至于为什么高二下学期比高二上学期的愉悦感增强，该被试没有给出比较合理的解释。

上升—下降—上升型趋势

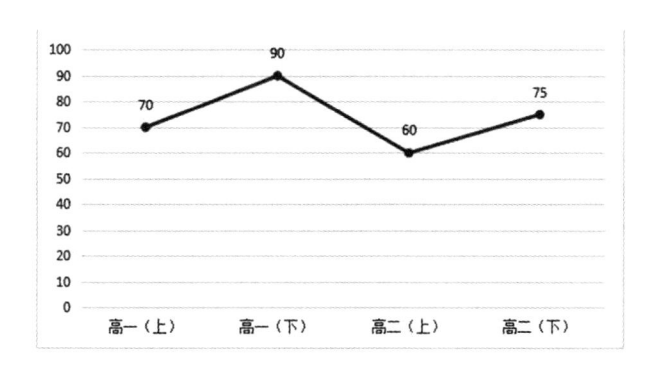

图 31　8 号被试愉悦发展趋势图

195

第五节 讨论

本研究通过质性研究手段调查了影响中国农村地区高中生外语课堂焦虑/愉悦情绪的因素及其外语课堂焦虑/愉悦情绪发展的趋势。研究表明,外语课堂焦虑和愉悦情绪的影响因素非常复杂,既包括学习者内部因素又包括学习者外部因素。

对于课堂焦虑来说,最常被被试提及的学习者内部因素与词汇学习有关,具体包括词汇记忆困难、词汇发音和意义掌握困难等,其他学习者内部因素涉及自身的英语水平、课堂授课接受情况、学习兴趣、语法与语言技能掌握情况、学习时间不充裕、不掌握学习方法、个人学习能力、对英语的态度、对外语和外语学习相关活动的恐惧心理。在本研究中,被试谈及影响外语课堂焦虑情绪的外部因素主要与教师、同伴和家人的压力、周围的学习气氛、教师的学术支持和教学方式有关。被试汇报了更多的学习者内部因素。

课堂愉悦情绪的影响因素也涉及学习者内部和外部变量。具体来说包括如下几个方面:1)学习者的语言能力;2)教师的学术和情感支持、教师专业水平、教师的授课风格、教师个性、教师授课方式、教师教学态度和教师授课内容;3)父母情感支持;4)同伴支持;5)课堂气氛;6)学习者课堂表现;7)学习者心理状态;8)授课内容接受情况;9)词汇学习;10)对英语学习的态度;11)测试过程和结果。其中主要的因素与学习者的语言能力和教师有关。

关于外语课堂焦虑和愉悦的历时发展趋势,本研究发现不同的学习者可能会经历不同的焦虑和愉悦发展历程。比较多的被试所呈现的是一种直线式的情绪发展规律,或上升或下降。少数被试的外语课堂焦虑和愉悦情绪在两年共四个学期时间内几乎没有波动。也有的被试的外语课堂焦虑和愉悦经历了比较曲折的发展过程。在这个过程中，两种情绪经历了比较复杂的起伏变化。本研究还发现促成学习者外语课堂焦虑和愉悦情绪历时波动或者稳定的因素非常的复杂，其中既有学习者自身（所感受到的）外语水平的变化、对语言态度变化、学习兴趣的波动的影响，又有教师授课风格的影响、高考意识的影响等。这使得外语课堂焦虑和愉悦情绪与复杂的学习者内外部变量构成一个复杂的体系，从而对学习者的外语学习起着促进或者阻碍作用。

附　录

附录1　英语课堂焦虑情绪量表

I. 他人面前表现不佳恐惧分量表

4. 不明白老师在用英语讲什么时，我会感到害怕。
□非常不同意　□不同意　□既不同意也不反对　□同意
□非常同意

9. 英语课上，做毫无准备的发言让我觉得恐慌。
□非常不同意　□不同意　□既不同意也不反对　□同意
□非常同意

15. 当不明白老师在纠正什么时，我会觉得不安。
□非常不同意　□不同意　□既不同意也不反对　□同意
□非常同意

29. 完全不懂英语老师在说什么时，我会紧张。
□非常不同意　□不同意　□既不同意也不反对　□同意
□非常同意

31. 我担心我说英语的时候班上的同学会嘲笑我。
□非常不同意　□不同意　□既不同意也不反对　□同意
□非常同意

33. 当英语老师问我没有提前准备的问题时,我会紧张。
☐非常不同意　☐不同意　☐既不同意也不反对　☐同意
☐非常同意

II. 英语课堂恐惧分量表

Ⓡ 5. 多上些英语课完全不会让我感到困扰。
☐非常不同意　☐不同意　☐既不同意也不反对　☐同意
☐非常同意

Ⓡ 8. 在英语课堂上参加测验时,我通常觉得放松。
☐非常不同意　☐不同意　☐既不同意也不反对　☐同意
☐非常同意

17. 我常常想不去上英语课。
☐非常不同意　☐不同意　☐既不同意也不反对　☐同意
☐非常同意

Ⓡ 18. 英语课上讲英语时,我感到自信。
☐非常不同意　☐不同意　☐既不同意也不反对　☐同意
☐非常同意

Ⓡ 28. 去上英语课时,我觉得很自信,很轻松。
☐非常不同意　☐不同意　☐既不同意也不反对　☐同意
☐非常同意

附录2 英语课堂愉悦情绪量表

Ⅰ. 英语学习愉悦分量表

4. 我喜欢英语课。
□非常不同意　□不同意　□既不同意也不反对　□同意
□非常同意

5. 英语课上,我感觉自己焕然一新。
□非常不同意　□不同意　□既不同意也不反对　□同意
□非常同意

8. 我在英语课上学到了有趣的东西。
□非常不同意　□不同意　□既不同意也不反对　□同意
□非常同意

12. 英语课堂妙趣横生。
□非常不同意　□不同意　□既不同意也不反对　□同意
□非常同意

Ⅱ. 教师支持愉悦分量表

15. 老师挺激励士气的。
□非常不同意　□不同意　□既不同意也不反对　□同意
□非常同意

16. 老师和蔼可亲。
□非常不同意　□不同意　□既不同意也不反对　□同意

□非常同意

17. 老师乐于提供情感或其他方面的支持与帮助。
□非常不同意　□不同意　□既不同意也不反对　□同意
□非常同意

III. 同伴支持愉悦分量表

19. 课堂上，同学之间关系紧密。
□非常不同意　□不同意　□既不同意也不反对　□同意
□非常同意

20. 同学们有共同的谈资，比如一些常讲的笑话。
□非常不同意　□不同意　□既不同意也不反对　□同意
□非常同意

21. 课堂上，同学们有很多欢笑。
□非常不同意　□不同意　□既不同意也不反对　□同意
□非常同意

参考文献

Aida, Y. (1994). Examination of Horwitz, Horwitz, and Cope's construct of foreign language anxiety: The case of students of Japanese. *The Modern Language Journal*, 78, 155–168.

Dewaele, J.-M. (2002). Psychological and sociodemographic correlates of communicative anxiety in L2 and L3 production. *International Journal of Bilingualism*, 6, 23–38.

Dewaele, J.-M. (2013). The link between foreign language classroom anxiety and psychoticism, extraversion, and neuroticism among adult bi- and multilinguals. *The Modern Language Journal*, 97 670–684.

Dewaele, J.-M., & MacIntyre, P. D. (2014). The two faces of Janus? Anxiety and enjoyment in the foreign language classroom. *Studies in Second Language Learning and Teaching*, 4, 237–274.

Dewaele, J.-M., & MacIntyre, P. D. (2016). Foreign language enjoyment and foreign language classroom anxiety: The right and left feet of the language learner. In P. D. MacIntyre, T. Gregersen, & S. Mercer (Eds.), *Positive psychology in SLA* (pp. 215–236). Bristol, England: Multilingual Matters.

Dewaele, J.-M., MacIntyre, P. D., Boudreau, C., & Dewaele, L. (2016). Do girls have all the fun? Anxiety and enjoyment in the foreign language classroom. *Theory and Practice of Second Language Acquisition*, 2, 41 – 63.

Dewaele, J. -M., Witney, J., Saito, K., & Dewaele, L. (2018). Foreign language enjoyment and anxiety: The effect of teacher and learner variables. *Language Teaching Research*, 22, 676 – 697.

Ellis, R. (2008). *The study of second language acquisition*. Oxford: Oxford University Press.

Eysenck, M. W. (1979). Anxiety, learning, and memory: A reconceptualization. *Journal of Research in Personality*, 13, 363 – 385.

Fredrickson, B. L. (1998). What good are positive emotions?. *Review of General Psychology*, 2, 300 – 319.

Fredrickson, B. L. (2004). The broaden-and-build theory of positive emotions. *Philosophical Transactions of The Royal Society B*, 359, 864 – 86

Fredrickson, B. L. (2013). Updated thinking on positivity ratios. *American Psychologist*, 68, 814 – 822.

Gardner, R. C., & MacIntyre, P. D. (1992). A student's contributions to second language learning. Part I: Cognitive variables. *Language Teaching*, 25, 211 – 220.

Gargalianou, V., Muehlfeld, K., Urbig, D., & van Witteloostuijn, A. (2016). Foreign language anxiety in professional contexts: A short scale and evidence of personality and gender differences. *Schmalenbach Business Review*, 17, 195 – 221.

Horwitz, E. K. (1986). Preliminary evidence for the reliability and validity of a foreign language anxiety scale. *TESOL Quarterly*, 20, 559 – 562.

Horwitz, E. K. (2000). It ain't over 'til it's over: On foreign language anxiety, first language deficits, and the confounding of variables. *The*

Modern Language Journal, 84, 256 – 259.

Huang, S. F., Eslami, Z., & Hu, S. R. J. (2010). The relationship between teacher and peer support and English-language learners' anxiety. *English Language Teaching*, 3, 32 – 40.

Jeong, H., Sugiura, M., Suzuki, W., Sassa, Y., Hashizume, H., & Kawashima, R. (2016). Neural correlates of second – language communication and the effect of language anxiety. *Neuropsychologia*, 84, e2 – e12.

Jiang, Y., & Dewaele, J. – M. (2019). How unique is the foreign language classroom enjoyment and anxiety of Chinese EFL learners?. *System*, 82, 13 – 25.

Jin, Y. X., de Bot, K., & Keijzer, M. (2015). Factors associated with foreign language anxiety: A study of Chinese university learners of Japanese and English. *Dutch Journal of Applied Linguistics*, 4, 67 – 85.

Jin, Y. X., de Bot, K., & Keijzer, M. (2017). Affective and situational correlates of foreign language proficiency: A study of Chinese university learners of English and Japanese. *Studies in Second Language Learning and Teaching*, 7, 105 – 125.

Jin, Y. X., & Dewaele, J. – M. (2018). The effect of positive orientation and perceived social support on foreign language classroom anxiety. *System*, 74, 149 – 157.

Jin, Y. X., & Zhang, L. J. (2018). The dimensions of foreign language classroom enjoyment and their effect on foreign language achievement. *International Journal of Bilingual Education and Bilingualism*. doi: 10. 1080/13670050. 2018. 1526253.

Jin, Y. X., & Zhang, L. J. (2019). A comparative study of two scales for foreign language classroom enjoyment. *Perceptual and Motor Skills*, 126,

1024 – 1041.

Koch, A. S., & Terrell, T. D. (1991). Affective reactions of foreign language students to natural approach activities and teaching techniques. In E. K. Horwitz & D. J. Young (Eds.), *Language anxiety: From theory and research to classroom implications* (pp. 109 – 126). Upper Saddle River, NJ: Prentice Hall.

Lee, K., & Ashton, M. C. (2004). Psychometric properties of the HEXACO personality inventory. *Multivariate Behavioral Research*, 39, 329 – 358.

Li, C. C., Dewaele, J. – M., & Jiang, G. Y. (2019). The complex relationship between classroom emotions and EFL achievement in China. *Applied Linguistics Review*. doi: 10. 1515/applirev – 2018 – 0043.

Liu, M. H., & Zhang, W. X. (2008). An exploration of Chinese EFL learners' foreign Language anxiety, personality and self – esteem. *Journal of Applied Linguistics*, 5, 181 – 203.

MacIntyre, P. D. (2017). An overview of language anxiety research and trends in its development. In C. Gkonou, M. Daubney, & J. – M. Dewaele (Eds.), *New insights into language Anxiety: Theory, research and educational implications* (pp. 11 – 30). Bristol, UK: Multilingual Matters.

MacIntyre, P. D., & Charos, C. (1996). Personality, attitudes, and affect as predictors of second language communication. *Journal of Language and Social Psychology*, 15, 3 – 26.

MacIntyre, P. D., & Gardner, R. C. (1994). The subtle effects of language anxiety on cognitive processing in the second language. *Language Learning*, 44, 283 – 305.

Pallant, J. (2010). *SPSS survival manual: A step by step guide to data analysis using the SPSS program* (4th ed.). Maidenhead, UK: Open University

Press.

Piechurska-kuciel, E. (2011). Perceived teacher support and language anxiety in Polish secondary school EFL learners. *Studies in Second Language Learning and Teaching*, 1, 83–100.

Rodríguez, M., & Abreu, O. (2003). The stability of general foreign language classroom anxiety across English and French. *The Modern Language Journal*, 87, 365–374.

Seligman, M. E. P., & Csikszentmihalyi, M. (2000). *Positive Psychology: An Introduction. American Psychologist*, 55, 5–14.

Sellers, V. D. (2000). Anxiety and reading comprehension in Spanish as a foreign language. *Foreign Language Annals*, 33, 512–520.

Trickett, E. J., & Moos, R. H. (2002). *Classroom environment scale manual: Development, applications, research* (3rd ed.). Menlo Park, CA: Mind Garden.

陈梦洁、张佩霞、吴宇驰,2018,关于高校日语专业学生课堂焦虑的实证研究。日语学习与研究,(3):65–73.

高照、李京南,2016,中国学习者英语课堂焦虑情绪对比——翻转 vs. 传统。外语电化教学,(167):37–42.

郭燕、徐锦芬,2014,非英语专业大学生英语学习焦虑多维度研究。外语界,(4):2–11.

李传益,2015,非英语专业学生英语课堂口语焦虑实证研究。外国语言文学,(1):24–31.

刘梅华,2011,论低自信和课堂表现焦虑对大学生英语学习的影响:交叉滞后研究。外语教学,(5):43–47.

刘珍、姚孝军、胡素芬,2012,大学生二语自我、焦虑和动机学习行为的结构分析。外语界,(6):28–37,94.

秦晨，2006，大学生外语焦虑状况的调查与分析。河海大学学报（哲学社会科学版），(3)：49-53.

王建颖、田忠山、杨志宏，2016，双语授课学生英语听力课堂焦虑实证研究。内蒙古农业大学学报（社会科学版），(5)：55-60.

韦建华，2014，边远山区少数民族大学生外语课堂焦虑实证研究。北京第二外国语学院学报，(2)：70-78.